Verena Beckma

[Be]greifbar nah

80 Andachten zum Einstieg

BORN-VERLAG, Kassel

Impressum

Umschlag: Krüger und Ko., Göppingen
Satz: Claudia Siebert, Kassel
Druck: Westermann Druck Zwickau GmbH

ISBN 3-87092-326-1
Bestellnummer: 182.326

Unser Verlagsprogramm im Internet: **www.born-buch.de**

Inhaltsverzeichnis

Einführung

Jesus sprach oft in Gleichnissen, die sich auf Alltagssituationen seiner Zuhörer bezogen. Er wollte ihnen damit helfen, die gute Botschaft vom Reich Gottes besser zu verstehen. Auch die Andachten zum Einstieg sollen den Zuhörern das Evangelium [be]greifbar nah bringen.
Als Einstieg für jede der Andachten dient in der Regel ein alltäglicher Gegenstand. Begegnet dieser Gegenstand den Zuhörern dann wieder im Alltag, so können sie sich an den Gedanken erinnern, der damit verbunden war. Bei der Auswahl der Gegenstände wurde darauf geachtet, dass es sich dabei um Dinge handelt, die in einem gewöhnlichen Haushalt vorhanden bzw. die ohne großen Aufwand zu beschaffen sind.
In seltenen Fällen wird als Einstieg kein Gegenstand benötigt, sondern stattdessen eine alltägliche Situation dargestellt bzw. erläutert.

Die Andachten in diesem Buch sind besonders für Jugendliche geeignet, können aber auch in entsprechend abgewandelter Form für alle anderen Altersgruppen in der Gemeindearbeit verwendet werden. Auch für den persönlichen Glaubenseinstieg sind die Andachten ausgelegt. Sie bieten die Möglichkeit, gerade die Grundlagen des Evangeliums und des Lebens als Christ anschaulich darzustellen.

Die anschaulichen Andachten sind in folgende acht Oberthemen unterteilt:
Glaubensgrundlagen, Leben als Christ, Die Bibel, Jesus, Gebet, Heiliger Geist, Vergebung, Ewiges Leben.
Sie sind übersichtlich gestaltet und in folgende Rubriken unterteilt:
Stichworte zum Thema, Inhalt, Bibelstelle, Material, Vorbereitung, Handlung, Einstieg, Gedanken zum Text, Fragen u. Anstöße bzw. Aktionen zur Vertiefung.
So sind für den Benutzer Ziel und Inhalt der Andacht schnell erkennbar und umsetzbar.

Im Anhang befindet sich ein Verzeichnis der zugrunde gelegten Bibelstellen sowie der Stichworte zur schnellen Suche eines bestimmten Themas, Begriffes oder Bibelwortes.

Jede Andacht sollte persönlich vorbereitet und dem Zuhörerkreis sowie dem eigenen Wortschatz angepasst werden. Eventuelle Aktionen sollten vorher erprobt werden.

So sollen die Ideen und Gedanken aus diesem Buch den Zuhörern eine Hilfe sein, das Evangelium besser zu verstehen und dadurch im Glauben wachsen und reifen zu können.

Verena Beckmann

Symbole in den Andachten

Stichworte

Inhalt

Bibelstelle

Material

Vorbereitung

Handlung

Einstieg

Frage/Anstoß

Glaubensgrundlagen

Je nach Struktur und Bedürfnissen einer Gruppe bzw. der Personen muss man sich mit unterschiedlichen Aspekten des christlichen Glaubens beschäftigen. Zuweilen muss man ganz von vorn beginnen, um Grundlagen aufzuzeigen und zu erläutern.
Die folgenden Andachten bieten die Möglichkeit, solche Grundlagen wie Himmel und Hölle, Gottes Liebe und Gottes Geduld und Barmherzigkeit anzureißen.
Es geht um Grundsätze, sowohl in Bezug auf das Wesen Gottes als auch in Bezug auf unsere Einstellung ihm gegenüber.
Wir müssen uns entscheiden - für oder gegen ihn. Anhand seines Wesens können wir erkennen, worum es bei dieser Entscheidung letztlich geht: was sie uns Gutes bringt, aber auch welche Konsequenzen wir in beiden Fällen zu tragen haben.
Ein Leben mit Gott ist nicht nur leichter - aber es wird immer von Liebe, Kraft und Zuversicht begleitet.

[1] Jesus: * am 24.12.00 in Bethlehem

Erlösung, gute Nachricht, Leben

Die Nachricht über Jesu Geburt geht uns alle an.

Aber der Engel sagte: Fürchtet euch nicht! Ich bringe euch die größte Freude für alle Menschen: Heute ist für euch in der Stadt, in der schon David geboren wurde, der lang ersehnte Retter zur Welt gekommen. Es ist Christus, der Herr. Lukas 2,10-11

Geburtsanzeigen aus der Tageszeitung

Verschiedene Geburtsanzeigen miteinander lesen.

Wir haben jetzt verschiedene Geburtsanzeigen vorgelesen. Man findet sie fast täglich in der Tageszeitung. Wenn man die Eltern kennt, dann berühren einen solche Geburtsanzeigen viel mehr, als wenn man die Eltern nicht kennt. Man freut sich mit ihnen über die Geburt. Und vielleicht schickt man sogar eine Glückwunschkarte und ein Geschenk zur Geburt oder man geht persönlich vorbei um zu gratulieren.

In der Bibel finden wir eine Nachricht über eine Geburt, die uns alle ganz persönlich betrifft und angeht! *(Lukas 2,10-11 lesen)*

Diese gute Nachricht der Geburt Jesu hat der Engel den Hirten auf dem Feld verkündet. Und mit dieser Nachricht verkündet der Engel tatsächlich die größte Freude für alle Menschen, denn die Geburt Jesu hat Auswirkungen auf jeden einzelnen Menschen. Keine andere Geburt hat solche großen Auswirkungen auf unser ganzes Leben wie die Geburt Jesu! Denn mit der Geburt Jesu kam der lang ersehnte Retter zur Welt.

Gott hat Jesus Christus, seinen einzigen Sohn, zu uns auf diese Welt geschickt. Gott wurde Mensch in Jesus Christus. In Jesus Christus machte sich Gott ganz hilflos und klein. In den ärmlichsten Verhältnissen kam er zu uns auf diese Welt. Der König aller Könige kam in keinem prunkvollen Palast zu Welt, sondern in einem einfachen, stinkenden Stall, in einer Futterkrippe und zwischen all den Tieren. So tief beugte er sich zu uns herab. Und das geschah alles aus seiner Liebe zu uns Menschen.

Jesus kam zu uns auf diese Welt, um uns von unseren Sünden zu erlösen. Gott hat Jesus Christus mit dem Ziel zu uns geschickt, dass er am Kreuz von Golgatha für unsere Sünden stirbt. Das war Gottes Rettungsplan für uns Menschen. Das ist unsere einzige Chance, zu Gott zu kommen: Die Vergebung unserer Sünden.

Jesus Christus ist also unsere einzige Chance. Er will unser Lebensretter sein. Ein Leben mit ihm wird unser ganzes Leben komplett verändern und uns eine völlig neue Perspektive geben. Deshalb ist die Nachricht über seine Geburt auch die beste Nachricht der Welt!

Damals und heute hat Jesus das Leben vieler Menschen verändert. Wie kann eine solche Veränderung aussehen? Gibt es persönliche Erfahrungen, über die man berichten kann?

Erstellt eine Geburtsanzeige für Jesus und evtl. einen kleinen Zeitungsbericht über dieses spektakuläre Ereignis!

[2] Alles ist wunderbar gemacht

Gott, Schöpfer

Gott ist der Schöpfer der ganzen Welt.

O Herr, welch unermessliche Vielfalt zeigen deine Werke! Sie alle sind Zeugen deiner Weisheit, die ganze Erde ist voll von deinen Geschöpfen. Psalm 104,24

zwei Blumen der gleichen Sorte, zwei Nüsse, zwei blühende Zweige, zwei Äpfel, zwei Bananen o. Ä.

Jeder denkt an verschiedene Personen (in einer großen Gruppe werden mehrere nach vorne gebeten).

Jede dieser Personen sieht anders aus. Jeder Mensch ist einzigartig und ein Original. So ist es mit allem was uns in der Schöpfung begegnet.
Sieh dir die beiden Blumen an! Obwohl es sich bei den Blumen um die gleiche Sorte handelt, so sieht doch jede Blume anders aus. Genauso ist das mit den Nüssen und mit den Zweigen, mit den Äpfeln und mit den Bananen. Es sind alles Originale und Wunder der Schöpfung.

Alles, was uns umgibt, hat Gott erschaffen. Der Psalmbeter aus Psalm 104 ist begeistert über die große Vielfalt der Schöpfung Gottes. *(Psalm 104,24 lesen)*

Der Psalmbeter bezeichnet Gottes Werke sogar als Zeugen der Weisheit Gottes. An ihnen wird nämlich Gottes Größe und Macht deutlich. Wie mächtig muss Gott doch sein, wenn er so wundervolle Dinge in so großer Vielfalt erschaffen hat?

Alles ist aufeinander abgestimmt. Es passt zusammen und funktioniert. Gott hat die Erde nicht einfach so erschaffen, sondern er hat es mit Bedacht und großer Sorgfalt getan. So ein großes und wunderbares Zusammenspiel der Natur kann kein Zufall sein. Gott hat alles genau geplant und durchdacht.

Deswegen ist kein Mensch ein Produkt des Zufalls, sondern ein Geschöpf Gottes.

Gott hat uns seine Welt geschenkt. Er hat sie für uns erschaffen. Daran können wir sehen, wie lieb er uns doch hat. Gott hat die Welt nämlich nicht nur erschaffen, er kümmert sich auch darum, dass alles seinen Lauf nimmt. Gott kümmert sich darum, dass es nachts dunkel wird und dass es am Tag wieder hell wird. Er kümmert sich darum, dass die Sonne scheint, und er lässt den Regen vom Himmel fallen. Gott lässt die Früchte und das Korn wachsen. Er sorgt dafür, dass wir genug zu essen haben.

Ohne Gott gäbe es keinen einzigen Menschen auf dieser Erde. Gott ist der Ursprung allen Lebens.

Weil Gott so groß und mächtig ist, können wir ihm getrost vertrauen und uns auf ihn verlassen.

Er hat alles in der Hand und wir sind bei ihm in den besten Händen. Er gibt uns genau das, was wir brauchen. Manchmal erkennen wir das zwar erst auf den zweiten Blick, doch wir sollten nicht daran zweifeln.

Alles hat er erschaffen, deshalb sollten wir ihn dafür loben und preisen und ihm danken.

Erstelle eine Collage mit den Dingen, für die du Gott, dem Schöpfer danken möchtest. Das können Teile der Natur oder des täglichen Lebens sein oder auch immaterielle Dinge.

[3] Geborgen in Gott

Geborgenheit, Gott, Schöpfer

Gott kennt unser ganzes Leben.

Als ich gerade erst entstand, hast du mich schon gesehen. Alle Tage meines Lebens hast du in dein Buch geschrieben - noch bevor einer von ihnen begann! Psalm 139,16

ein Ultraschallbild eines Embryos

Man kann auf dem Ultraschallbild eines Embryos noch nicht viel erkennen. Und doch stellt man sich viele Fragen, wenn man ein Kind erwartet: Wie wird das Kind aussehen? Was wird einmal aus dem Kind werden? Wie wird sein Leben verlaufen?

Diese Fragen können die werdenden Eltern sich zwar stellen, aber eine Antwort werden sie darauf zunächst einmal nicht bekommen.

Diese Antwort kennt allein Gott. Der große und allmächtige Gott, der Schöpfer der ganzen Welt, weiß alles über uns und er kennt jeden Menschen ganz genau. *(Psalm 139,16 lesen)*

Gott kennt unser ganzes Leben. Er weiß schon längst, wie es verlaufen wird.

Es ist eigentlich sehr beruhigend, dass es jemanden gibt, der uns so gut kennt und der alles über uns weiß. Denn weil Gott alles über uns weiß, sind wir bei ihm auch in den besten Händen. Und es gibt keinen, der uns besser helfen kann als er.

Wenn wir also zu Gott beten und ihn um Hilfe bitten, dann dürfen wir wissen, dass er uns so helfen wird, wie es für uns und für unser Leben am besten ist.

Und weil Gott den großen Überblick über unser Leben hat, gibt es nichts Besseres, als ihn um Rat zu fragen und sich auf ihn zu verlassen.

Nicht immer erhalten wir das, was wir uns wünschen. Manchmal ist Gottes Führung unverständlich, ungewöhnlich oder unbequem. Trotzdem können wir darauf vertrauen, dass es das Beste für uns ist.

Es lohnt sich, auf einen Rat von Gott zu hören und zu warten - also nicht ungeduldig werden! Gott gibt jedem die Hand, der sie ergreifen möchte.

Gab es Situationen in meinem Leben, die vorher bedrohlich wirkten, sich aber im Nachhinein als Führung Gottes erwiesen?

[4] Gelegenheit verpasst

Entscheidung, Umkehr

Es ist unsere Entscheidung, ob wir Gottes Einladung annehmen.

Denn viele sind eingeladen, aber nur wenige sind bereit zu kommen. Matthäus 22,14

die Einladung zu einer Hochzeit, ein Terminkalender

Ich suchte etwas in meinem Schreibtisch und fand ganz unten in meiner Schreibtischschublade eine Einladung. Die Einladung zu einer Hochzeit. Und noch dazu zur Hochzeit meines besten Freundes. Doch leider war die Hochzeit schon längst vorbei. Ich hatte den Termin völlig vergessen! Ich verstehe selbst nicht, wie das passieren konnte! Mein Freund ist mir jetzt bestimmt böse, dass ich nicht auf seiner Hochzeit war. Wie konnte ich diesen Termin nur vergessen? Ich sollte vielleicht mal in meinem Terminkalender nachsehen, was an diesem Tag so Wichtiges war. Ah, da steht es: Konzertabend! Ich war an diesem Abend also auf einem Konzert. Wie konnte ich nur die Hochzeit meines Freundes wegen so eines blöden Konzerts einfach sausen lassen? Und dieses Konzert war nicht einmal besonders gut. Aber nun ist es zu spät. Die Hochzeit ist gelaufen, und ich habe sie verpasst.

Auch in der Bibel ist von einer Hochzeit und einem „Zu spät“ die Rede.

Viele Gäste waren zur Hochzeit eingeladen, aber sie kamen einfach nicht. Stattdessen gingen sie ihrer Arbeit nach. Als die Diener des Königs, der die Hochzeit für seinen Sohn ausgerichtet hatte, die geladenen Gäste holen wollten, wurden einige von ihnen sogar handgreiflich und misshandelten und töteten die Diener des Königs. Der König ließ diese Mörder umbringen. Dann schickte der König seine Diener auf die Straßen. Sie sollten dort alle einladen, die sie trafen. Und so füllte sich der Festsaal mit guten und mit bösen Menschen. Einer der Gäste trug kein Festgewand. Als der

König das bemerkte, ließ er diesen Gast in die Finsternis hinauswerfen. Dort konnte er weinen und jammern, ohne dass ihm jemand helfen konnte.

Diese Geschichte ist ein Gleichnis. Mit diesem Gleichnis will uns Jesus verdeutlichen, wie es sein wird, wenn Gott eines Tages seine Königsherrschaft aufrichtet. Auch Gott, unser König und Herr, lädt viele Menschen zu einem Leben ein, in dem er der Mittelpunkt sein möchte.

Doch manche Menschen haben wichtigere Dinge zu tun und nehmen diese Einladung nicht an. Sie gehen ihrer Arbeit nach und kümmern sich nicht um die Einladung Gottes. Einige wehren sich sogar sehr heftig gegen Gottes Angebot.
Gott zwingt niemanden, der nicht aus freien Stücken zu ihm kommen möchte. Er gibt nur nicht gleich auf. Er lädt uns immer wieder ein. Seine Einladung steht. Wir müssen sie nur annehmen.
Nehmen wir sie nicht an, dann müssen wir auch die Konsequenzen tragen. Wer Gottes Einladung ausschlägt, wird im Reich Gottes nicht dabei sein.

Kommen darf, wer freiwillig und gerne kommt und ohne jeden Zwang! Und so werden wir auch im Reich Gottes Gute und Böse treffen. Wichtig ist nur, dass alle ein Festgewand, ein neues Kleid, tragen. Mit dem Festgewand ist so etwas wie eine reine Weste gemeint. Denn niemand kann mit seiner Schuld bei Gott leben. Es geht ja auch niemand in Alltagskleidung auf eine Hochzeit. Wir müssen also unser altes Kleid, unsere Sünden, ablegen und ein neues Kleid anziehen. Erst dann, wenn Gott unser Herz erneuert hat, können wir das Reich Gottes betreten. Andernfalls wird es uns so gehen wie dem Mann, der versucht hat, ohne Festgewand in das Reich Gottes zu gelangen.

Jesus schließt dieses Gleichnis mit folgendem Satz: Denn viele sind eingeladen, aber nur wenige sind bereit zu kommen (Matthäus 22,14). Wie sieht es mit mir aus? Bin ich dazu bereit, Gottes Einladung anzunehmen?

Hier bietet es sich an, über eine klare Entscheidung zu sprechen! Bin ich bereit, mit Gott zu leben und mir von ihm meine Sünden abnehmen zu lassen, damit ich einmal Zutritt zu seinem Reich haben werde?

[5] In guten wie in schlechten Tagen

Geborgenheit, gute Nachricht, Ermutigung

Bei Gott finden wir Schutz, Hilfe und Geborgenheit.

Der Herr ist mein Fels, meine Festung und mein Erretter, mein Gott, meine Zuflucht, mein sicherer Ort. Er ist mein Schild, mein starker Helfer, meine Burg auf unbezwingbarer Höhe. Psalm 18,3

ein Foto/Bild einer Burg

Eine Burg bietet Schutz. Sie ist ein sicherer Ort. Die Mauern sind fest und halten viel aus. Eine Burg steht auf einem festen Grund.

Auch Gott will unsere Burg sein. *(Psalm 18,3 lesen)* Wer sich auf Gott verlässt, muss sich nicht fürchten.

Wer bei Gott Zuflucht findet, und das in seinem ganzem Leben, der wird sich auch von ihm erretten lassen. Gott möchte nämlich, dass wir unser ganzes Leben unter seinen Schutz stellen. Gott möchte, dass wir ihm unser ganzes Leben anvertrauen. Gott möchte nicht, dass wir nur in Zeiten der Angst und Not Zuflucht bei ihm suchen und ansonsten nichts von ihm wissen wollen.

Gott will nicht nur unsere Festung sein, auf die wir uns in Zeiten der Angst und Not flüchten, sondern auch unser Erretter.

Gott möchte uns von unseren Sünden erretten und frei machen. Dann erst ist unser Leben wirklich in Sicherheit. Dann erst sind wir wirklich befreit und brauchen keine Angst mehr zu haben.

Dann sind wir mit einem neuen Leben beschenkt: mit einem Leben an Gottes Seite - für immer. Gott möchte uns nicht nur hin und wieder beschützen, sondern er möchte, dass wir ein Leben an seiner Seite führen, in guten wie in schlechten Zeiten unseres Lebens. Die Ritter haben auch nicht nur in Zeiten der Not auf ihrer Burg gewohnt. Sie war immer eine sichere Lebensgrundlage.

Gott kann deshalb unser starker Helfer sein, weil er groß und mächtig ist. Niemand ist so mächtig wie er, denn Gott ist unbezwingbar. Er kann große Wunder tun und da eingreifen, wo niemand sonst mehr helfen kann. Wichtig ist nur, dass wir ihm vertrauen und bei ihm Zuflucht suchen. Gott will auch dein Lebensretter sein. Lass dich von ihm befreien und bring dein Leben in Sicherheit!

Unser Leben hat Höhen und Tiefen. Die Tiefen bringen uns eher zum Beten als die Höhen. Warum eigentlich?

[6] Der Glaube verleiht Flügel

Hoffnung, Ermutigung, Ruhe, Christsein

Bei Gott können wir auftanken. Er ist unsere Energiequelle.

Aber alle, die ihre Hoffnung auf den Herrn setzen, bekommen neue Kraft. Sie sind wie Adler, denen mächtige Schwingen wachsen. Sie gehen und werden nicht müde, sie laufen und sind nicht erschöpft. Jesaja 40,31

ein Energiedrink (z. B. Red Bull)

Den Energiedrink öffnen und einen Schluck trinken.

Ich fühle mich heute so schlapp und erschöpft. Ich brauche jetzt erst mal unbedingt meinen Energiedrink. Die Wirkung ist echt enorm! Eine Dose davon und ich fühle mich wieder fit! Ich könnte Bäume ausreißen, so super fühle ich mich danach.

So ein Energiedrink ist wirklich nicht schlecht. Aber es gibt noch eine ganz andere, viel bessere Energiequelle! Eine, die dauerhaft Energie spendet. Die Wirkung so einer Dose hält nämlich nicht gerade besonders lange an.

Ein Bibelvers verrät euch mehr über diese Energiequelle. *(Jesaja 40,31 lesen)*

Bei Gott können wir also auftanken. Er will unsere Energiequelle sein. Aber Gott kann nur dann unsere Energiequelle sein, wenn wir ihm vertrauen.

Das Vertrauen auf Gott gibt uns neue Kraft - genau die Energie, die wir für unser Leben brauchen.

Wenn wir ihm vertrauen, dann fühlen wir uns nicht mehr länger allein oder kraft- und mutlos.

Dann fühlen wir uns stark und mächtig, denn wir haben unsere Sorgen und Probleme dem starken und mächtigen Gott überlassen. Und nirgends sind sie besser aufgehoben als bei ihm.

Wenn Gottes Stärke und Gottes Kraft in unserem Leben Raum gewinnen, dann ist unser Leben ein Zeugnis seiner Größe und seiner Macht.

Denn die Energie, die Gott gibt, kann uns kein Energiedrink geben. „Sie gehen und werden nicht müde, sie laufen und sind nicht erschöpft." So heißt es in diesem Vers. Damit soll zum Ausdruck gebracht werden, dass Gottes Kraft eine ganz besondere Kraft ist, eine Kraft, die niemals aufhört. Denn Gott ist nicht nur manchmal für uns da, sondern immer und andauernd.

Und wenn uns Gottes Kraft erfüllt, dann haben wir Power, die wir zu seiner Ehre und zum Bau seines Reiches einsetzen sollen. Gott möchte, dass wir ihm dienen, und er hilft uns dabei, indem er uns die nötige Kraft dazu gibt.

Vielleicht ist jetzt immer noch nicht so ganz klar, wie man diese Kraft eigentlich bekommt. Man kann einfach zu Gott beten und ihn darum bitten, dann wird er jeden mit seiner Kraft beschenken. Wer regelmäßig in der Bibel liest, der wird ermutigt und aufgebaut und bekommt täglich neue Kraft für den Alltag. Im Gottesdienst kann man sich immer wieder durch sein Wort und die Gemeinschaft mit anderen Christen aufbauen lassen. Auch die Gemeinschaft mit anderen Christen macht einen stark. Denn allein geht man ein - auch als Christ! Wichtig ist, dass man Gott um Kraft bittet, und dann kann man sicher sein, dass er helfen wird und dem Leben die nötige Power gibt.

Wie kann es gelingen, dass wir Gott konsequent in unseren Alltag einbeziehen, so dass ein stetiges Vertrauen wachsen kann?

[7] Unzählbar wichtig

Bekenntnis, Glaube, gute Nachricht

Gott kennt jeden einzelnen ganz genau. Er kümmert sich um uns und hilft uns gerade dann, wenn wir ihn vor anderen Menschen bekennen.

Selbst die Haare auf eurem Kopf sind alle gezählt. Ihr braucht wirklich keine Angst zu haben! Ihr seid mehr wert als ein ganzer Spatzenschwarm. Lukas 12,7

Zettel, Stift und ein Taschenrechner

Du hast zehn Minuten Zeit, meine Haare zu zählen. Hier sind Zettel und Stift. Vielleicht willst du dir ja zwischendurch ein paar Notizen machen. Und hier ist auch ein Taschenrechner. (der Betreffende wird sich wahrscheinlich weigern) *Du weißt nicht wie du das anstellen sollst? Du meinst vielleicht sogar, dass es gar nicht geht die genaue Anzahl der Haare zu ermitteln? Zugegeben, das ist wirklich eine unlösbare Aufgabe. Kein Mensch kann genau ermitteln, wie viele Haare ein anderer Mensch auf dem Kopf hat.*

Gott weiß ganz genau, wie viele Haare wir auf dem Kopf haben. Gott weiß es, er muss nicht einmal nachzählen. *(Lukas 12,7 lesen)*

So gut kennt uns Gott. Er weiß wirklich alles über uns. Nichts ist ihm verborgen.

Dabei ist es eigentlich völlig unwichtig, wie viele Haare wir auf dem Kopf haben. Niemand könnte damit etwas anfangen, wenn er die genaue Zahl seiner Haare wüsste.

Doch wenn Gott über so unwichtige Dinge Bescheid weiß wie die genaue Anzahl unserer Haare, wie wichtig müssen wir ihm dann sein?

Und weil wir ihm so wichtig sind und weil er uns so sehr lieb hat, deshalb wird sich Gott auch um uns kümmern.

Gott, der selbst die Spatzen auf dem Dach nicht vergisst, wird persönlich für uns sorgen und uns helfen.

Er wird uns auch dann helfen, wenn wir ihn vor anderen Menschen bekennen, wenn wir anderen von Gott und von unseren Erfahrungen mit Gott erzählen. Wir brauchen keine Angst davor zu haben, denn Gott ist auch in diesen Situationen bei uns.

Und nur der, der Gott nicht vor den anderen Menschen verleugnet, sondern bekennt, lebt auch nach seinem Wort.

Aber manchmal fürchten wir uns leider mehr vor dem, was die anderen Menschen über uns denken und reden könnten, als vor dem, was Gott von uns denkt. Das kann doch nicht richtig sein! Aber es ist menschlich, und deshalb dürfen wir Gott auch darum bitten, dass er uns dabei hilft, vor anderen unseren Glauben zu bekennen.

Gott kennt mich durch und durch. Versuche ich nicht manchmal, ihm die Sicht zu versperren?

[8] Hell oder dunkel?

Hoffnung, Entscheidung, Glaube

Gott gibt keinen Menschen auf.

Den glimmenden Docht wird er nicht auslöschen. Jesaja 42,3b

eine Zauberkerze (eine Kerze, die immer wieder aufleuchtet, wenn man sie auspustet), Streichhölzer oder ein Feuerzeug

Die Kerze anzünden.

Wer möchte diese Kerze mal auspusten? (eine Person versucht, die Kerze auszupusten) *Irgendwie machst du da was falsch! Vielleicht möchte es jemand anderes probieren.* (eine weitere Person versucht, die Kerze auszupusten) *Jetzt versuche ich es selbst! Diese Kerze lässt sich scheinbar wirklich nicht auspusten. Immer wieder leuchtet sie neu auf!*

Diese Kerze soll an eine Bibelstelle erinnern. *(Jesaja 42,3b lesen)* Gott gibt keinen Menschen auf!

Aber was genau bedeutet dieser glimmende Docht? Es kann der Glaube sein, der auf Sparflamme brennt. Es kann die Liebe oder die Hoffnung sein, die auf Sparflamme brennt. Es kann unsere Beziehung zu Gott sein, die auf Sparflamme brennt.

Selbst dann, wenn unser Glaube oder unsere Liebe oder unsere Hoffnung oder unsere Beziehung zu Gott (noch) nicht angefacht ist, gibt Gott uns nicht auf. Denn es ist noch Hoffnung da. Der Docht brennt noch. Sein Licht ist noch nicht verloschen. Wir haben noch nicht endgültig mit Gott abgebrochen. Wir können ihm (wieder) begegnen.

Von sich aus wird Gott nichts auslöschen: Gott wird weder unseren Glauben noch unsere Liebe oder unsere Hoffnung auslöschen. Gott wird auch niemals unsere Beziehung zu ihm beenden. Denn Gott liebt uns und möchte, dass wir Gemeinschaft mit ihm haben. Er möchte, dass wir Frieden mit ihm haben. Und er möchte, dass wir uns für ein Leben und eine Ewigkeit mit ihm entscheiden.

Gott wird also nichts auslöschen oder beenden. Aber wir können sehr wohl den Glauben, die Liebe und die Hoffnung auslöschen. Wir können auch unsere Beziehung zu Gott beenden. Denn der Glaube an Gott ist eine völlig freiwillige Sache. Und wer nicht (mehr) glauben kann, wird die Beziehung zu Gott abbrechen und somit auch den Glauben, die Liebe und die Hoffnung in sich auslöschen.

Wir haben die Freiheit, uns für oder gegen Gott zu entscheiden. Gottes Entscheidung steht: Er hat sich für uns entschieden.

Was brennt bei dir schon viel zu lange auf Sparflamme? Warum gibst du dich mit diesem Flämmchen zufrieden? Wie sieht deine Entscheidung aus?

[9] Aufrecht durch das Leben

Ermutigung, Hoffnung, Leben

Gott gibt keinen Menschen auf.

Das geknickte Schilfrohr wird er nicht abbrechen. Jesaja 42,3a

zwei Strohhalme (tatsächlich aus Stroh!) und ein Glas Sprudel

Ein Strohhalm wird geknickt, der andere bleibt ganz.

Normalerweise sind Strohhalme gerade und ungeknickt, so wie der hier. (geraden Strohhalm zeigen) *Dieser Strohhalm ist aber geknickt.* (geknickten Strohhalm zeigen) *Nun kann man aus diesem Glas hier zuerst mit dem ungeknickten und dann mit dem geknickten Strohhalm trinken.*
Konnte man mit dem geknickten Strohhalm trinken? (ja) *Mit einem geknickten Strohhalm kann man also auch trinken, es geht nur etwas langsamer. Man müsste so einen geknickten Strohhalm also nicht unbedingt wegwerfen, obwohl viele das sicherlich machen würden. Denn angenehmer ist es natürlich, mit einem geraden Strohhalm zu trinken. Außerdem geht es viel schneller.*
Und wer gibt sich schon gerne mit einem kaputten Strohhalm ab?

Der Strohhalm soll uns an eine Bibelstelle erinnern. *(Jesaja 42,3a lesen)*

Mit dem geknickten Schilfrohr sind Menschen gemeint, deren Inneres auf irgendeine Weise geknickt ist: Menschen, die verletzt sind. Menschen, die alle Hoffnung aufgegeben haben. Menschen, die verzweifelt sind. Menschen, die traurig sind. Menschen, die wütend sind. Menschen, die Schuld mit sich herumtragen. Menschen, die Angst haben. Menschen, die sich hängen lassen. Menschen, die keine Perspektive mehr für ihr Leben haben.

Doch Gott will uns eine Perspektive für unser Leben geben, eine Perspektive, die uns verändert und ermutigt. Denn Gott will unserem Leben einen völlig neuen Sinn geben und unser geknicktes Inneres wieder aufrichten. Und er kann es auch, wenn wir es wirklich wollen.

Gottes Angebot steht, wir müssen es nur annehmen! Doch das ist allein unsere Entscheidung! Die kann uns Gott nicht abnehmen. Gott liebt uns, und deshalb möchte er auch nicht, dass wir verzweifelt sind. Er will uns aufrichten.

Es tut ihm weh, wenn wir leiden. Es tut ihm weh, wenn wir den Kontakt zu ihm abbrechen oder meiden.

Gott gibt keinen Menschen auf, aber wie schnell geben wir Gott auf und hängen den Glauben an den Nagel?! Aber geht es uns damit besser?

Welche Bereiche sind in meinem Leben „geknickt"?
Gott kann mich aufrichten. Dafür kann ich beten.

[10] Auf der Suche nach Geborgenheit

Ruhe, Frieden mit Gott, Geborgenheit

Nur bei Gott kommen wir zur Ruhe.

Nur bei Gott komme ich zur Ruhe; geduldig warte ich auf seine Hilfe. Psalm 62,2

ein Kissen

Wenn man ein Kissen sieht, dann denkt man an Ruhe und an Geborgenheit. Wenn man ein Kissen sieht, dann denkt man an Schlafen und an Ausruhen. Wer nicht ruht, ist unausgeschlafen. Wir brauchen die Ruhe, um neue Kraft zu schöpfen und um wieder aufzutanken.

Bei Gott können wir zur Ruhe kommen. Bei ihm können wir wieder auftanken. *(Psalm 62,2 lesen)*

Der Psalmbeter spricht davon, dass er nur bei Gott zur Ruhe kommt. Denn nur bei Gott finden wir richtige Ruhe und Geborgenheit.

Wer Gott nicht kennt und nicht mit Gott lebt, der wird in seinem Leben nie richtig zur Ruhe kommen, weil er sein ganzes Leben lang nach dem sucht, was er nur bei Gott finden kann: innere Ruhe und Lebenshilfe.

Wer Gott nicht kennt, der jagt auf der Suche nach seinem Lebensinhalt den unterschiedlichsten Angeboten hinterher. Bei dem einen können das die vielfältigen Angebote der Esoterik sein, bei dem anderen ist es der Aberglaube und bei dem Nächsten sind es vielleicht häufig wechselnde Beziehungen oder irgendwelche Sekten, die ihren Anhängern Sicherheit und Geborgenheit vorgaukeln. Auch Hobbys können zum Lebensinhalt werden, tragen aber nicht dazu bei, dass man eine echte innerliche Ruhe bekommt. Egal, welchem Ziel wir auch nachjagen, wenn wir uns nicht für ein Leben mit Gott entschließen, dann werden wir nie richtig zur Ruhe kommen.

Aber wieso können wir denn eigentlich bei Gott zur Ruhe kommen? Wer mit Gott lebt, der weiß, dass sein Leben bei Gott in den besten Händen ist, weil Gott uns liebt und kennt und nur das Beste für uns will. Er sorgt für uns.

Wer Gott kennt, der sieht sein Leben viel gelassener. Denn wer mit Gott lebt, der legt sein Leben in Gottes Hand und vertraut auf seine Hilfe. Er weiß sich von Gott behütet und bewahrt.

Wer mit Gott lebt, der weiß, dass er in Gott einen treuen Freund hat, der ihm immer und überall zur Seite steht.

Er wird nicht gleich unruhig, wenn Gott nicht sofort in sein Leben eingreift und handelt. Wer mit Gott lebt, kann geduldig auf seine Hilfe warten.

Die Bibel sagt, dass Gott den Überblick hat. Er sieht weiter als wir selbst. Er sieht auch den übernächsten Schritt. Das kann uns gelassen und ruhig machen.

Warum fällt es uns oft so schwer, geduldig zu sein?

[11] Maßstäbe

Ehrlichkeit, Gott, Allmacht, Masken

Gott schaut nicht auf unser Äußeres. Er sieht unser Herz.

Doch der Herr sagte zu ihm: Lass dich von seinem Aussehen und von seiner Größe nicht beeindrucken. Er ist es nicht. Denn ich urteile nach anderen Maßstäben als die Menschen. Für die Menschen ist es wichtig, was sie mit den Augen wahrnehmen können; ich dagegen schaue jedem Menschen ins Herz. 1. Samuel 16,7

für Saskia von Schwanenstein: eine Perücke für eine Dame, ein Hut, Schmuck, ein elegantes Kostüm, Schminke usw.
für den Taxifahrer: eine Perücke für einen Herrn, ein Bart, eine Jacke und ein Autoschlüssel.

Zwei Mitarbeiter verkleiden sich (s. o.).

Die elegant gekleidete Mitarbeiterin tritt in Erscheinung.

Hallo! Ich bin Saskia von Schwanenstein. Aber wieso erzähl ich euch das eigentlich? Das wisst ihr ja bereits! Ihr kennt mich ja alle aus dem Fernsehen. Immerhin habe ich eine steile Karriere gemacht! Von einer Nachrichtensprecherin zum Hollywoodstar. Da ist so mancher neidisch! Außerdem bin ich die Tochter des berühmten und äußerst vermögenden Ferdinand von Schwanenstein. Aber bin ich denn hier überhaupt richtig? Ich habe ein völlig anderes Publikum erwartet. Ich bin es nämlich nicht gewohnt, vor so wenigen Leuten zu sprechen. Außerdem: Wieso sind hier keine Männer? Und wo ist eigentlich das Fernsehen? Ja, und wo bleibt mein Applaus? (sie wartet kurz) *Also, das hab' ich nicht nötig!* (steht auf) *Mein Manager kann sich auf was gefasst machen! So ein Reinfall aber auch!* (knallt verärgert die Tür zu und verlässt den Raum)

Der Taxifahrer betritt den Raum
Taxifahrer: *Guten Abend! Gehört einem von Ihnen hier der rote Golf?*
(ein Mitarbeiter meldet sich)
Mitarbeiter: *Das ist meiner!*
Taxifahrer: *Könnten Sie mal eben kommen, ich bin da nämlich gerade mit meinem Taxi draufgefahren!*
Mitarbeiter (erschrocken): *Sie sind mit Ihrem Taxi auf mein nagelneues Auto gefahren?! Das darf doch wohl nicht wahr sein!*
Taxifahrer: *Der stand aber auch wirklich äußerst ungünstig! Wie kann man denn auch nur so parken? Jemand der so parkt, der muss seinen Führerschein auf der Kirmes gewonnen haben! Mir ist ja schon viel passiert, aber so was ...!*
Mitarbeiter: *Jetzt werden Sie aber mal nicht frech hier! Erst fahren Sie mir ins Auto und dann beleidigen Sie mich auch noch! Das muss ich mir ja wohl wirklich nicht gefallen lassen!*

Das war natürlich alles nur gespielt, Theater. Die Mitarbeiter sind in eine Rolle geschlüpft. Sie haben sich verkleidet und so ihr Äußeres verändert. Mit ihrem eleganten Kostüm und mit dem vielen Schmuck machte Saskia von Schwanenstein sofort einen wohlhabenden Eindruck. Ihre Worte waren überheblich und arrogant. Sie gab vor, etwas Besseres zu sein.
Der Taxifahrer war frech und unverschämt, seine Worte waren verletzend. Auch er fühlte sich als etwas Besseres. Er suchte die Schuld zuerst bei dem anderen.

Wie oft sind wir in unserem Leben schon in eine bestimmte Rolle geschlüpft und haben den anderen etwas vorgespielt? Wie oft haben wir uns in unserem Leben hinter einer Maske oder einer Rolle versteckt?

Vielleicht hat jemand die Nette oder die Hilfsbereite gespielt? Aber eigentlich dachte sie nur an ihren eigenen Vorteil! Oder den Ahnungslosen? Obwohl er genau Bescheid wusste! Oder den Fehlerlosen? Doch eigentlich wusste er genau, dass er mit schuld an der ganzen Sache war. Oder den Mutigen? Doch eigentlich hatte er total Schiss! Oder die Kranke? Doch eigentlich wollte sie nur die Klassenarbeit nicht mitschreiben! Oder den Dummen? Doch eigentlich hatte er nur keine Lust den anderen die Hausaufgaben zu erklären. Oder die Lustige? Doch eigentlich war ihr zum

Heulen zu Mute. Oder die Traurige? Doch eigentlich wollte sie nur ein wenig Beachtung und Aufmerksamkeit.

Es gibt unendlich viele Rollen und Masken. Und wenn wir wirklich ehrlich sind, dann haben wir in unserem Leben schon viele dieser Rollen gespielt. Das ist irgendwie menschlich. Man versucht oft sich mit seiner Rolle einen Vorteil zu verschaffen oder seine Person anders darzustellen. Man ist dabei aber nicht ehrlich. Man betrügt sich selbst und die anderen. Und manchmal merken die anderen das nicht einmal.

Die Menschen können wir vielleicht belügen und betrügen, wir können ihnen etwas vorspielen, ohne dass sie etwas davon merken. Für uns Menschen ist nämlich wichtig, was wir mit unseren Augen wahrnehmen. *(1. Samuel 16,7 lesen)*

Gott urteilt also nach anderen Maßstäben als wir Menschen. Gott hat eigene Maßstäbe. Gott lässt sich von uns nichts vormachen, denn Gott sieht in unser Herz. Gott kennt uns durch und durch! Er kennt jeden von uns! Er kannte uns schon, da waren wir noch gar nicht geboren. In Psalm 139,16 steht folgender Vers: *Als ich gerade erst entstand, hast du mich schon gesehen. Alle Tage meines Lebens hast du in dein Buch geschrieben - noch bevor einer von ihnen begann!*

Gott weiß also alles über uns. Er kennt unser ganzes Leben. Er kennt unsere Vergangenheit, unsere Gegenwart und unsere Zukunft. Und Gott kennt unsere innersten Gedanken. Gott können wir wirklich gar nichts vormachen. Gott kennt die genauen Motive für unser Handeln.

Gott sieht genau das Böse in unserem Herzen. Gott sieht aber auch die Traurigkeit und die Angst, die wir mit uns herumtragen und die wir vielleicht den anderen nicht zeigen wollen, weil wir Angst davor haben ausgelacht zu werden. Gott sieht, wo wir keinen Mut haben und unser Herz vor Angst in die Hose rutscht. Gott sieht, wo wir unsere Schuld abstreiten, obwohl wir genau wissen, dass wir einen Fehler begangen haben.

Gott kennt uns durch und durch. Wir brauchen uns gar nicht die Mühe zu machen, ihm etwas vorzuspielen. Es hat keinen Zweck.

Vor Gott brauchen wir uns aber auch nicht zu schämen. Denn er kann uns helfen, ehrlich zu sein und zu uns selbst zu stehen, sich selbst und anderen gegenüber.

Jeder kann für sich darüber nachdenken, welche Rolle er spielt. Dies kann er auf einen Zettel schreiben, wenn er diese Rolle ablegen möchte. Die Zettel können symbolisch gesammelt und dann vernichtet werden (z. B. durch Verbrennen im Freien). Bete dafür, dass du die Kraft und den Mut bekommst, dich zu dir selbst zu bekennen!

[12] Gottes Wort im Alltag umsetzen

Entscheidung, Ermutigung, Verzicht

Oft verhindern die Sorgen des Alltags oder unser Streben nach Wohlstand, dass wir nach Gottes Wort leben.

Der von Disteln überwucherte Boden entspricht den Menschen, die Gottes Botschaft hören und aufnehmen. Aber nur allzu schnell ersticken die Sorgen des Alltags, die Verführung des Wohlstandes und die Gier nach all den Dingen dieses Lebens Gottes Botschaft in ihrem Herzen, so dass keine Frucht wachsen kann. Markus 4,18-19

eine Distel

Disteln ersticken andere Pflanzen. Sie überwuchern sie, so dass sie irgendwann ersticken. In der Nähe von Disteln haben andere Pflanzen kaum eine Chance!

Auch in der Bibel ist von Disteln die Rede: in dem Gleichnis vom Sämann. Als er Getreide aussät, fällt ein Teil des Samens zwischen die Disteln, von denen die jungen Pflanzen bald überwuchert werden, so dass sie schließlich ersticken. *(Markus 4,18-19 lesen)*

Gottes Wort geht leider viel zu oft in unseren alltäglichen Sorgen unter. Die Sorgen erdrücken uns aber oft auch deshalb, weil wir nicht gelernt haben, das gehörte Wort im Alltag umzusetzen.

Die Sorgen bestimmen unser Leben und nicht Gott. Wir machen uns zum Sklaven unserer Sorgen, weil wir es nicht gelernt haben, unsere Sorgen an Gott abzugeben. Dabei möchte er uns doch so gerne helfen. Unsere Sorgen sind ihm nicht egal, wir sind ihm nicht egal, denn er liebt uns. Das wird in seinem Wort immer wieder deutlich. Gott bietet uns seine Hilfe an, doch wir lehnen sie ab. Vor lauter Sorgen sind wir blind.

Gottes Wort geht leider auch oft in unserem Wohlstand unter. Es geht uns

einfach zu gut. Wir sind viel zu sehr mit uns selbst und mit unserem Besitz beschäftigt. Gott würde da nur stören!
Wir können uns einfach nicht von unserem Wohlstand trennen. Wir wollen alles und wir wollen auf nichts verzichten, denn schließlich lebt man nur einmal! Doch dabei verfolgen wir die falschen Ziele. Wir verfolgen Ziele, die vergänglich sind. Wer aber nach Gottes Wort lebt, der verfolgt das einzige Ziel, das nicht vergänglich ist. Und dieses Ziel heißt ewiges Leben.

Doch das Streben nach Wohlstand, Macht und Karriere ist oft größer als dieses Ziel. Schließlich leben wir jetzt und hier. Wir wollen unser Leben in vollen Zügen genießen und dabei nichts auslassen und nichts versäumen. Wen interessiert denn schon die Ewigkeit!? So denken leider viele, obwohl sie die Botschaft genau kennen. Sie machen sich lieber ihren Besitz zum Gott, statt Gott zu dienen und ihm die Ehre zu geben.

Wem diene ich eigentlich?

Wie wäre es einmal mit „Fasten"?
Wenn dich der Wohlstand daran hindert, fest auf Gott zu sehen, dann triff doch mit anderen eine Vereinbarung: Verzichte für 2-3 Wochen auf etwas, was dir viel bedeutet, und nimm dir stattdessen bewusst Zeit für Gott.
Nach Ende des Zeitraumes solltest du dir den Gewinn und Verlust des Verzichts ehrlich bewusst machen.

[13] So wertvoll!

Erlösung, Umkehr, gute Nachricht, Bekenntnis

Gott freut sich über einen Sünder, der zu ihm umkehrt

Zehn Silbermünzen hatte eine Frau gespart. Als ihr eines Tages eine fehlt, zündet sie sofort eine Lampe an, stellt das ganze Haus auf den Kopf und sucht in allen Ecken. Lukas 15,8

ein goldenes Armband

Das Armband wird im Raum versteckt.

Überall im Raum verzweifelt nach dem Armband suchen.

Jetzt hab' ich doch tatsächlich mein neues, goldenes Armband verloren! Das gibt es doch gar nicht! Das ist ja ärgerlich! Wie konnte das nur passieren? Es war ein Geschenk und ziemlich wertvoll. Ihr könnt euch gar nicht vorstellen, wie sehr mich das ärgert! Hoffentlich finde ich es wieder! (wahrscheinlich werden alle bei der Suche mithelfen) *Da ist ja mein Armband! Ich kann euch gar nicht sagen, wie sehr mich das freut! Gut, dass wir es gefunden haben! Jetzt geht es mir wieder besser!*

In der Bibel gibt es eine Geschichte, die von etwas Verlorenem handelt. *(Lukas 15,8 lesen)*

Endlich hat die Frau die Münze gefunden. Vor lauter Freude darüber läuft sie zu ihren Freundinnen und Nachbarinnen und erzählt ihnen, dass sie ihr Geld wieder gefunden hat. Alle sollen sich mit ihr freuen.

Genauso, wie diese Frau sich über ihre Münze gefreut hat, freut sich auch Gott über einen einzigen Menschen, der sich ihm zuwendet und sich für ein Leben mit ihm entscheidet. Im Himmel findet dann sogar ein richtiges Fest statt!

Jeder Mensch ist für Gott wichtig, denn vor Gott zählt nicht die große Masse, sondern der Einzelne. Und so wie diese Frau das ganze Haus auf den Kopf gestellt hat, um die verlorene Münze zu suchen, so sucht Gott auch jeden Menschen, der verloren ist. Er geht jedem einzelnen Menschen nach, denn er möchte nicht, dass auch nur einer verloren geht.

Gott freut sich über jeden, der ein Leben mit ihm beginnen möchte, und hilft jedem bei seinem Neuanfang. Er vergibt jedem Sünder, der seine Schuld ernsthaft bereut.

Gott macht niemandem Vorwürfe oder Vorhaltungen, sondern nimmt den, der zu ihm umkehrt, liebevoll in seinen Arm, denn er ist ein liebender Vater.

Und dieser liebende Vater sehnt sich nach seinen verloren gegangenen Kindern, nach den Kindern, die ihm den Rücken zugedreht haben und nichts mehr von ihm wissen wollen.

Kein Mensch ist ihm egal - nicht ein einziger! Auch du nicht! Und es gibt nichts, was er nicht verzeiht, wenn wir ernsthaft dazu stehen.

Für eine Umkehr ist es nie zu spät.

Welche ehrlichen Gründe gibt es im eigenen Leben für oder gegen ein Leben mit Gott?

[14] Hoch hinaus

Entscheidung, Leben, Glaube

Gott möchte der Mittelpunkt unseres Lebens sein.

Auf! Jetzt bauen wir uns eine Stadt mit einem Turm, dessen Spitze bis zum Himmel reicht! schrien sie. Dadurch werden wir überall berühmt. Wir werden nicht über die ganze Erde zerstreut, weil der Turm unser Mittelpunkt ist und uns zusammenhält. 1. Mose 11,4

Bauklötze

Zwei Personen bauen mit den Bauklötzen einen Turm. Zuerst unterhalten sie sich darüber, wie sie den Turm bauen wollen, dann können sie sich plötzlich nicht mehr verständigen, weil sie Kauderwelsch reden.

Was ist passiert? Gerade noch haben sich die beiden prima verstanden und die gleiche Sprache gesprochen. Nun aber spricht jeder eine andere Sprache. Die beiden können sich nicht mehr verständigen. So kann man nichts gemeinsam schaffen.

Dazu gibt es eine Geschichte in der Bibel: Die Geschichte vom Turmbau zu Babel. *(1. Mose 11,4 vorlesen)*

Die Menschen wollten sich mit dem Turm einen Namen machen. Sie wollten berühmt werden. Der Turm war das Ziel, das sie verfolgten. Nicht Gott, sondern der Turm war der Mittelpunkt ihres Lebens. Sie lebten nur noch für diesen Turm.

Es gab keinen Zusammenhalt und keine Einigkeit durch den Glauben, sondern nur durch das errichtete Denkmal.

Die Menschen handelten eigenmächtig und gottlos. Sie fragten nicht nach Gott, sondern setzten ihren eigenen Willen durch und wollten ihre Macht beweisen. Auch wir handeln oft eigenmächtig, ohne dabei nach Gottes Willen für unser Leben zu fragen. Wir denken nur an uns und unseren Vorteil und haben Angst, etwas vom Leben zu verpassen, wenn wir Gott nachfolgen und seine Ziele verfolgen.

Doch dann geschah es: Gott kam vom Himmel herab, um sich die Stadt und das Bauwerk anzusehen. So klein war der Turm für den großen und mächtigen Gott, dass er erst einmal vom Himmel herab kommen musste, um den Turm zu betrachten. Denn was für uns Menschen gewaltig und riesig erscheint, ist für Gott oft klein und unbedeutend.

Unser Handeln bleibt also nicht unbeobachtet. Gott wird immer auf unser Handeln reagieren, denn Gott ist viel größer und mächtiger als wir. Er hat alle Fäden in der Hand. Und so griff Gott ein: Plötzlich konnte keiner mehr den anderen verstehen, denn Gott verwirrte ihre Sprache. Eine Verständigung war nicht mehr möglich, es herrschte ein großes Chaos und die Pläne vom Turmbau konnten nun nicht mehr ausgeführt werden.

Durch die Sprachverwirrung kam es zur Trennung. Die Menschen gingen auseinander und zerstreuten sich über die ganze Erde.

Es bringt also überhaupt nichts, wenn wir im Leben nur unsere eigenen Ziele verfolgen ohne dabei nach Gott zu fragen. Gott möchte nämlich der Mittelpunkt unseres Lebens sein. Wer sein Handeln von dem Willen Gottes abhängig macht, wird nicht enttäuscht werden. Wir können unsere Ziele mit ihm gemeinsam festlegen.

Ist es ermutigend oder beängstigend, dass Gott alles sieht?
Oft fragen wir Gott über unsere Pläne zuletzt. Welche praktischen Hilfsmittel gibt es, um ihn stärker im Bewusstsein zu haben?

Wie wäre es mit einer Runde „Jenga“?

[15] Der Richterspruch

Entscheidung, Umkehr, Glaube

Der Glaube befreit uns von den Ketten des Todes.

Wer an ihn glaubt, der wird nicht verurteilt werden. Wer aber nicht an den Sohn Gottes glaubt, über den ist wegen seines Unglaubens das Urteil schon gesprochen. Johannes 3,18

Handschellen

Einem Mitarbeiter werden die Handschellen angelegt.

Jemand wird verurteilt und anschließend mit Handschellen abgeführt. Bestimmt hat jeder diese Szene schon oft im Fernsehen gesehen. Menschen wird der Prozess gemacht, sie werden für schuldig erklärt und gnadenlos verurteilt. Da gibt es auch gar nichts gegen einzuwenden. Jemand, der Unrecht getan hat, muss dafür geradestehen. Er muss seine Strafe absitzen.
Doch wie froh wären diese verurteilten Menschen, wenn man sie freisprechen würde und sie nicht ins Gefängnis müssten! Wie froh wären sie, wenn es eine Möglichkeit gäbe, der Strafe zu entkommen.

Auch Gott spricht ein Urteil über unser Leben. Und es liegt allein an uns, wie dieses Urteil ausfällt. Wir haben dieses Urteil in der Hand, denn es hängt einzig und allein von unserem Glauben an Gott ab.

Wenn wir an Jesus glauben, dann verurteilt uns Gott nicht.Wenn wir aber nicht an Jesus glauben, dann ist das Urteil des Unglaubens schon über uns gesprochen. *(Johannes 3,18 lesen)*

Das hört sich eigentlich ganz normal an. Wer jetzt aber meint, es reicht aus, zu sagen: „Ich glaube daran, dass es Gott gibt!“, der hat sich gewaltig geirrt. An Gott zu glauben ist nämlich eine ganz persönliche Sache, und sie hat Folgen für das weitere Leben.

Der Glaube an Gott wird unser ganzes Leben verändern und umkrempeln.

Aber was genau heißt eigentlich Glaube an Gott? An was glaube ich denn eigentlich, wenn ich an Gott glaube?

Wenn ich an Gott glaube, dann glaube ich daran, dass Gott seinen Sohn für meine Sünden in den Tod geschickt hat, weil er mich mit dem ewigen Leben beschenken will.

Doch um das überhaupt glauben zu können, muss sich jeder erst einmal darüber bewusst sein, dass er die Vergebung der Sünden nötig hat, er muss Jesus seine Sünden bekennen und ihn um Vergebung bitten. Wer das macht, übergibt sein Leben an Gott und wird ein Christ. Und nur ein Christ erhält den Freispruch Gottes. Wer glaubt, wird freigesprochen - da können wir uns hundertprozentig drauf verlassen, denn Gott steht zu seinem Wort. Sobald wir uns für Gott entscheiden, wird dieses Urteil gesprochen. Und dieses Urteil heißt „Unschuldig!“ und bedeutet ewiges Leben.

Genauso steht er aber auch dazu, dass diejenigen, die nicht an ihn glauben, verurteilt werden. Sobald wir uns nicht für Gott, sondern gegen ihn entscheiden, wird dieses Urteil gesprochen. Und dieses Urteil heißt „schuldig!“ und bedeutet den ewigen Tod.

Da sind wir nun schuldig und haben die Möglichkeit freigesprochen zu werden. Sind wir nicht entsetzlich dumm, wenn wir diese Chance missachten?

Leben als Christ

Unser Leben als Christen hat viele Facetten. Es gelten Regeln, Gebote, Verheißungen, die uns helfen sollen, unserem Ziel nachzustreben, nämlich Christus ähnlicher zu werden. Oft verlieren wir da den Überblick.
Im Folgenden soll es darum gehen, wie wir es schaffen können, den Anforderungen des Christseins zu genügen.
Dabei soll hier kein Regelwerk erstellt werden, um uns Schwierigkeiten zu bereiten, sondern es werden Anstöße gegeben, die uns helfen sollen, Standpunkte im Leben zu finden und den richtigen Weg dorthin zu gehen.
Wir brauchen Orientierung in dieser Welt, wenn wir Gott nicht aus den Augen verlieren wollen.
Die folgenden Andachten sollen also Hilfen sein auf dem Weg mit Jesus.

[16] Guter Lohn

Nachfolge, Entscheidung, Ermutigung

Es lohnt sich, wenn wir Jesus nachfolgen.

Jetzt fragte Petrus: Du weißt, wir haben alles aufgegeben und sind mit dir gegangen. Was bekommen wir dafür? Matthäus 19,27

Stellenanzeigen aus der Tageszeitung

Viele Leute suchen einen Job. Gesucht werden z. B. Anstellungen als Maler, als Betriebswirt, als Verkäufer oder als Koch. Schneiderinnen, Floristinnen, Friseurinnen, Krankenschwestern, Erzieherinnen und Raumpflegerinnen suchen Arbeit. Aber es werden auch die unterschiedlichsten Jobs angeboten: Da gibt es Stellen als Bank- oder Industriekaufmann, als Kfz-Mechaniker, als Chirurg oder auch als Zeitungsbote. Und so gibt es z. B. Heimarbeit, Tätigkeiten im Außendienst, in Läden und Geschäften, in öffentlichen Gebäuden oder in einem Büro. So unterschiedlich diese Berufe auch sind, haben sie doch eine Sache gemeinsam: Wer seinen Beruf ausübt, muss sich an bestimmte Regeln halten. Wer z. B. ständig zu spät kommt oder in seinem Job private Dinge erledigt, wird recht schnell seine Kündigung bekommen. Jeder muss seinen Beruf so ausführen, wie er ihn erlernt hat. Und jeder erhält einen vorher vereinbarten Lohn dafür. Jeder wird für seine Arbeit bezahlt.

Doch wie ist das eigentlich, wenn wir unser Leben in den Dienst Gottes stellen? Wie ist das, wenn wir Jesus nachfolgen und ihm dienen? Was bringt uns das eigentlich?

Diese Frage stellte auch Petrus an Jesus. *(Matthäus 19,27 lesen)*
Darauf erhielt er folgende Antwort: „Jeder, der sein Haus, seine Geschwister, seine Eltern, seine Frau, seine Kinder oder seinen Besitz zurücklässt, um mir zu folgen, wird dies alles hundertfach zurückerhalten und das ewige Leben empfangen" (Matthäus 19,29). Jesus nachzufolgen bedeutet

also, das Alte aufzugeben. Es bedeutet in jedem Fall Veränderung des alten Lebens. Denn wer Jesus nachfolgt, der kann nicht so weiterleben wie bisher.

Jesus möchte nicht ein Lückenbüßer sein, sondern der Mittelpunkt unseres Lebens. Nachfolge erfordert unser ganzes Herz und unser ganzes Leben.

Jesus nachzufolgen heißt nicht, dass wir zusätzlich noch dem Leben hinterherjagen, weil wir Angst haben, etwas zu verpassen.

Jesus soll nicht als fünftes Rad am Wagen nebenherlaufen und irgendwie dazugehören. Jesus nachzufolgen heißt, dass Jesus von nun an in unserem Leben an erster Stelle steht. Und manchmal kann das eine völlige Kehrtwende in unserem Leben bedeuten. Vielleicht müssen wir unser Leben sogar komplett umstellen und viel aufgeben, damit es Jesus gefällt und nach seinem Willen verläuft.

Aber wenn wir uns immer wieder die Frage stellen: „Was würde Jesus jetzt tun?“, dann sind wir auf dem richtigen Weg.

Jesus nachzufolgen heißt auch, seinem Beispiel zu folgen. Er hat uns vorgelebt, wie wir als Christen leben sollen.

Außerdem hat Gott uns als Richtschnur für unser Leben sein Wort, die Bibel, gegeben. Und Gott hat uns versprochen, dass er immer bei uns ist. Wir sind niemals allein. Auf seine Hilfe können wir uns verlassen.

Nachfolge ist nicht immer leicht, aber Jesus hat uns einen hohen Lohn dafür versprochen. Wer ihm nachfolgt, wird das ewige Leben empfangen. Das ewige Leben ist also der Lohn für unsere Nachfolge. Denn nach dem Leben mit Gott folgt das Leben bei Gott, das Leben in Gottes Herrlichkeit. Ich kann mir wirklich keinen größeren Lohn vorstellen!

Ist mir der Lohn, der mir versprochen wurde, Motivation genug, um wirklich konsequent mit Jesus zu gehen, oder tue ich es eher halbherzig aus Pflichtbewusstsein?

[17] Ein neuer Mensch

Nachfolge, Erkenntnis, Umkehr

Wer als Christ leben will, muss seinen Lebensstil ändern und sein Leben ganz auf Gott ausrichten.

Ihr sollt den „neuen Menschen" anziehen, wie man ein Kleid anzieht. Diesen neuen Menschen hat Gott selbst nach seinem Bild geschaffen; er ist gerecht und heilig, weil er sich an das Wort der Wahrheit hält. Epheser 4,24

alte, abgetragene und beschmutzte Kleidung, ein elegantes Kleid oder ein Anzug (in einen Beutel legen)

Die alte, abgetragene und beschmutzte Kleidung anziehen und so erscheinen.

Ihr wundert euch bestimmt, wie ich heute aussehe, aber ihr müsst schon entschuldigen, doch ich hatte bisher noch keine Zeit, mich umzuziehen. Das ist mir richtig unangenehm, dass ihr mich so seht. Was sollt ihr jetzt nur von mir denken, so ungepflegt wie ich aussehe! Ich fühle mich so wirklich total unwohl. Zum Glück habe ich gerade in der Eile noch meinen Anzug / mein Kleid eingepackt. Ich muss mich jetzt erst umziehen. Ich bin gleich wieder da! (umziehen) *So, da bin ich wieder. Ging doch schnell, oder? Jetzt fühle ich mich auch gleich viel besser. Ich fühle mich wie neugeboren! Ich fühle mich so viel wertvoller, obwohl ich doch eigentlich nur die Kleidung gewechselt habe. Ich habe doch nur mein Äußeres geändert. An mir als Mensch hab' ich doch gar nichts verändert. Und trotzdem fühle ich mich so, wie ich jetzt aussehe, viel besser. Und ich glaube, euch gefalle ich so auch viel besser!*

Wer mit Gott leben will, soll sich auch umziehen. Er soll einen neuen Menschen anziehen. In Epheser 4,24 steht dies. *(Vers lesen)*

Bei Gott geht es also nicht um unser Äußeres. Mit Äußerlichkeiten können wir zwar vor den Menschen Eindruck machen, aber nicht vor Gott. Gott lässt sich nicht durch ein elegantes Kleid oder durch einen tollen Anzug beeindrucken. Bei Gott geht es allein um unser Inneres. Wer Gott gefallen will, muss sein Inneres ändern. Er muss sich von ihm verändern lassen.

Wer mit Gott leben will, muss sich von seinem alten Leben trennen. Denn als Christ können wir nicht so weiterleben wie bisher. Wir müssen unter unser altes Leben einen Schlussstrich ziehen. Als Christ müssen wir unser Leben ändern. Wer als Christ so weiterlebt wie bisher und sein altes Kleid, sein altes Leben, nicht ablegt, der zerstört sich selbst. Denn das alte Leben dient nicht der Sache Gottes. Es baut uns nicht auf.

Wenn aber Gott uns verändert und wenn der Heilige Geist in uns wirkt, dann streben wir nach anderen Dingen. Dann ändert sich unsere Zielsetzung.

Wenn wir den alten Menschen ablegen, dann wird eine Veränderung spürbar werden - zuerst innerlich, dann nach außen hin und sichtbar für andere.

Und als Richtschnur für ein Leben, das Gott gefällt, haben wir Gottes Wort, die Bibel. Wer in der Bibel liest, erfährt, wie er als Christ leben soll. Die Bibel will uns Hilfe und Orientierung geben. Und Gott will uns Kraft geben, sein Wort umzusetzen.

Der neue Mensch ist genau wie Gott. Ist dieses Ziel erstrebenswert oder ohnehin unerreichbar? Wie fühle ich mich bei dem Anspruch, den Gott hier an mich stellt?

[18] Wahre Schönheit

Gottes Wille, Gehorsam, Leben

Vor Gott zählt nicht unser Äußeres. Vor Gott zählen unsere inneren Werte.

Nicht äußerliche Dinge - wie kunstvolle Frisuren, wertvoller Schmuck oder modische Kleidung - dürfen für euch Frauen wichtig sein. Nein, euch sollen vielmehr Eigenschaften von unvergänglichem Wert schmücken, wie Freundlichkeit und Güte; denn wahre Schönheit kommt von innen. Und diese Werte zählen vor Gott. 1. Petrus 3,3-4

eine Handtasche, in der sich ein Spiegel, eine Puderdose, ein Kamm und Haarspray befinden, Schmuck, modische Kleidung usw.

Eine weibliche Person zieht sich modisch an und legt reichlich Schmuck an.

Die Person betritt den Raum, setzt sich und holt den Spiegel, den Kamm und das Haarspray aus ihrer Handtasche. Dann beginnt sie, sich zu frisieren.

„Ihr müsst schon entschuldigen, aber so, wie ich aussehe, kann ich mich ja wohl unmöglich unter die Leute trauen! Ich muss mich erst mal richtig stylen. Ich habe nämlich gleich ein Vorstellungsgespräch. Was sollen die Leute denn sonst von mir denken? Schließlich will ich ja einen guten Eindruck machen. Sonst nehmen die hinterher noch eine andere, und das nur, weil meine Frisur nicht in Ordnung war oder weil meine Nase glänzt. (nimmt die Puderdose aus der Tasche und pudert sich ihre Nase) *Das würde ich mir nie verzeihen! Ich muss schließlich tipptopp aussehen, sonst kann ich gleich einpacken, denn meine Zeugnisse sehen wirklich nicht gerade rosig aus."*

Ob man mit dieser Einstellung wirklich weit kommt im Leben? Und der Chef, der sein Personal nach dem Aussehen aussucht und dabei nicht auf die Fähigkeiten der Bewerber achtet, ist ganz schön dumm! Ein so geführtes Unternehmen wird schnell den Bach runter gehen.

Vor Gott zählen aber weder unsere Zeugnisse noch unser Aussehen, vor Gott zählt allein unser Inneres. *(1. Petrus 3,3-4 lesen)*

Wir sollten nicht den Schwerpunkt auf Äußerlichkeiten, wie z. B. Schmuck, Frisuren oder Kleidung legen. Damit können wir manchen Menschen zwar vielleicht imponieren, aber viel wichtiger sind doch die inneren Werte und unsere Liebe zu Gott und dass wir danach handeln. Diese Liebe sollen wir ausstrahlen.

Als Christen sollen wir nach dem Willen Gottes leben. Und Gottes Wille ist es, dass wir uns auf unsere inneren Werte konzentrieren. Das können wir am besten, wenn wir immer wieder danach fragen, was Gottes Wille ist. Und den Willen Gottes erfahren wir zum Beispiel dann, wenn wir in seinem Wort lesen. Wenn wir uns Jesus zum Vorbild nehmen und wenn wir versuchen, so zu leben, wie er gelebt hat, dann werden uns solche Eigenschaften schmücken, die vor Gott zählen.

Wer sich den ganzen Tag um sich selber dreht, hat keine Zeit mehr für andere. Wer mehr Zeit für sein Äußeres verwendet als für Gott, der ist auf dem falschen Weg.

Freundlichkeit und Güte sind zwei Werte, die sehr kleidsam sind. Wie kann man diese Gaben trainieren?

[19] Im Mittelpunkt stehen

Nachfolge, Gehorsam, Christsein

Christus ist der Mittelpunkt des Lebens.

Lasst Christus den Mittelpunkt eures Lebens sein. 1. Petrus 3,15a

verschiedene Fanartikel eines bestimmten Fußballvereins (z. B. Schal, Kappe, Fahne usw.)

Die Fanartikel anziehen.

Ich mache ein bisschen Werbung für meinen Verein. Ich bin nämlich ein ganz begeisterter Fan von (Name des Vereins). *Ich verpasse wirklich kein Spiel. Sonntags bin ich immer unterwegs. Zu Hause sind sie manchmal ganz schön sauer, weil ich keinen Sonntag da bin. Aber das ist mir ehrlich gesagt egal. Für mich gibt es schließlich nichts Wichtigeres im Leben als Fußball! Und wenn ich wirklich mal ein Spiel verpasse, dann bin ich todunglücklich. Mich interessiert alles über meinen Verein, ich lese jeden Zeitungsartikel, in dem über meinen Verein berichtet wird. Ich schneide sogar sämtliche Artikel aus! Ich bin bestens informiert. Letztes Jahr sind sie ja ganz schön abgestiegen, aber das ist mir egal. Was auch kommt, ich halte zu meinem Verein! Im Sport erlebt man eben Höhen und Tiefen. Das gehört einfach dazu. Ich bin wirklich stolz auf meinen Verein. Meine ganze Lebensplanung richtet sich nur nach meinem Verein. Ich kann mir ein Leben ohne meinen Verein und ohne Fußball wirklich nicht mehr vorstellen.*

So etwas ist bestimmt keine Seltenheit. Da fährt jemand total auf seinen Verein ab und lebt nur noch für seinen Verein. Da hat sich jemand seinen Verein zum Lebensinhalt gemacht. Alles dreht sich um den Verein. Der Verein steht im Mittelpunkt. Er ist das Zentrum, und von ihm hängt die ganze Lebensplanung ab.

Wir Menschen sollen aber einen anderen Mittelpunkt haben. *(1. Petrus 3,15a lesen)* Christus soll der Mittelpunkt sein. Er soll unser Lebensinhalt sein. Um ihn soll sich alles drehen. Er soll unser Zentrum sein, und von ihm soll unsere ganze Lebensplanung abhängen.

Ein Christ ist ein begeisterter Fan von Jesus. Und so wie ein Fan begeistert von seinem Verein spricht und Werbung für seinen Verein macht, so sollte ein Christ auch Werbung für Christus machen, indem er den anderen von seinem Glauben weitererzählt und versucht, sie für den Glauben zu gewinnen.

Den Gottesdienst könnte man mit dem Fußballspiel vergleichen. Man feiert Christus zusammen mit anderen Christen, kann sich austauschen und Kraft tanken für die neue Woche. Man geht frisch motiviert in eine neue Woche.

Für einen Christen sollte es im Leben nichts Wichtigeres geben als Christus. Auch das Bibellesen stellt einen zentralen Punkt dar. Es geht darum, so viel wie möglich über Christus und das Leben als Christ zu erfahren. Ein begeisterter Fan möchte immer mehr Neuigkeiten über sein Vorbild erfahren.

Was auch kommt, ein Christ sollte zu Christus halten und nicht beim kleinsten Problem einen Rückzieher machen. Denn auch ein Christ erlebt Höhen und Tiefen in seinem Leben. Doch als Christen dürfen wir wissen, dass Christus immer bei uns ist und uns durch die Tiefen unseres Lebens hindurch hilft.

Als Christen sollte es uns egal sein, was die anderen über unseren Glauben denken und ob sie uns gar wegen unseres Glaubens auslachen. Es sollte uns egal sein, weil wir selbst überzeugt davon sind, dass wir auf dem richtigen Weg sind.

Wie kann man prüfen, ob Christus wirklich der Mittelpunkt meines Lebens ist? Wie können wir uns gegenseitig neu motivieren?

[20] Hell wie eine Kerze

Nachfolge, Liebe, gute Nachricht

Christen sollen ein Licht in der Welt sein.

Ihr seid das Licht, das die Welt erhellt. Matthäus 5,14

für jeden eine Kerze, Streichhölzer

Jeder Teilnehmer erhält eine Kerze.

Eine Kerze wird angezündet. Dann wird das Licht von einem zum anderen weitergegeben.

Reihum wurden nun Kerzen angezündet. Das Licht der einen Kerze wurde von einem zum anderen weitergegeben, bis am Ende alle Kerzen hell erleuchtet waren. Niemand hat mehr eine Kerze in der Hand, die nicht brennt. Was ist das für ein Gefühl, so ein brennendes, leuchtendes Licht in der Hand zu halten?
Was ist schöner für uns: Eine leuchtende Kerze, die Licht und Wärme gibt, oder eine erloschene Kerze?

Ein Christ ist wie ein brennendes, leuchtendes Licht. Dazu gibt es einen Vers in Matthäus 5,14. *(Vers lesen)* Was hat das zu bedeuten? Hierzu ein paar Gedanken:

1. Eine Kerze kann sich nicht selbst anzünden

Sie braucht einen Zündfunken. Und so kann auch kein Christ aus eigener Kraft heraus leuchten. Als Christen brauchen wir Jesus, der uns zum Leuchten bringt. Jesus will ein Feuer der Liebe in unseren Herzen anzünden. Liebe, die wir an andere weitergeben sollen - so, wie wir das Kerzenlicht dieser einen Kerze gerade von einem zum anderen weitergegeben haben. Christen sollen sich gegenseitig aufbauen und liebevoll miteinander und mit anderen Menschen umgehen.

2. Von der Kerze geht Ruhe und Stille aus
Die Kerze brennt lautlos. Beim Betrachten einer Kerze werden wir ruhiger. Auch bei Gott können wir still werden und auftanken.

3. Das Kerzenlicht verbreitet Licht und Wärme
Die Kerze erhellt nur einen kleinen Umkreis und verstrahlt nur wenig Wärme. Trotzdem vermittelt die Kerze mit ihrem Leuchten eine warme und freundliche Atmosphäre. Wenn wir Gottes Liebe weitergeben, verstrahlen auch wir Licht und Wärme.

4. Durch das Brennen verwandelt sich die Kerze
Durch die Flamme schmilzt das harte Wachs. Es verdampft und kann brennen. Nur so entsteht die Flamme. Es kommt also zu einer Wandlung. Als Christen sollen wir uns auch ständig verwandeln und uns dabei an Jesus orientieren und ihm immer ähnlicher werden.

5. Die Kerze verströmt Kraft
Die Kerze brennt und gibt dabei Licht und Wärme weiter. Dabei wird sie selbst aber immer kleiner und kleiner. Wir selbst müssen Kraft und Energie aufbringen, um Gottes Liebe weiterzugeben. Damit wir nicht irgendwann verlöschen, können wir bei Gott nachtanken.

6. Das Licht der Kerze strebt immer nach oben
Als Christen brauchen auch wir die Ausrichtung nach oben. Wir brauchen den Kontakt zu Gott, denn nur dann können wir all das, was wir gerade gehört haben, verwirklichen.

Jesus sagt, dass wir das Licht der Welt sind. Das ist nicht nur ein Auftrag, sondern auch eine Verheißung! Wir leuchten für Gott, auch wenn wir es manchmal gar nicht so bewusst merken und keinen direkten Erfolg sehen.

[21] Frisch und saftig

Gehorsam, Nachfolge, Vertrauen

Wer als Christ leben will, sollte in ständiger Verbindung zu Jesus stehen und fest in Jesus verwurzelt sein.

Ich bin der Weinstock, und ihr seid die Reben. Wer bei mir bleibt, in dem bleibt mein Leben, und er wird viel Frucht tragen. Wer sich aber von mir trennt, kann nichts ausrichten. Johannes 15,5

eine oder mehrere Trauben Weintrauben und ein Beutel Rosinen, die in eine kleine Schüssel gefüllt werden

Reihum darf sich jeder zuerst einige Rosinen und dann einige Weintrauben nehmen.

Was für ein Gefühl war das gerade? Zuerst die schrumpeligen, vertrockneten Rosinen auf der Zunge zu haben und dann die saftigen Weintrauben zu essen? Saftiger und erfrischender sind auf jeden Fall die Weintrauben. Die Rosinen hingegen sind eingetrocknet, ohne jeden Saft und viel kleiner als Weintrauben. Dabei waren es vorher mal saftige Weintrauben. Doch pflückt man sie und trennt sie vom Weinstock, werden sie klein und schrumpelig.

In Johannes 15,5 vergleicht Jesus sich mit einem Weinstock. *(Vers lesen)*

Es ist wichtig, dass wir uns als Christen an Jesus orientieren und dass wir unser Leben ganz auf ihn hin ausrichten.

Wenn wir als Christen nicht mehr den Kontakt und die Verbindung zu Jesus suchen, dann werden wir innerlich vertrocknen, so wie auch die Weintrauben vertrocknen, wenn sie keine Verbindung mehr zu den Wurzeln des Weinstocks haben. Als Christen sollen wir in Jesus verwurzelt sein, denn ohne ihn können wir nichts tun.

Als Christen sollten wir in ständiger Verbindung zu Jesus leben und in allem, was wir tun, nach seinem Willen fragen. Wir dürfen alles, was wir auf dem Herzen haben, mit ihm bereden. Jesus möchte nicht, dass wir irgendetwas vor ihm verbergen. Alle Bereiche unseres Leben sollen ihm gehören.

Als Christen sollten wir täglich bei Gott auftanken und in seinem Wort lesen. Gottes Wort will unsere Richtschnur sein. Wer in der Bibel liest und danach lebt, bleibt in Jesus und hält die Verbindung.

Wenn wir in ihm bleiben, so verspricht Jesus uns, dann werden wir viele Früchte tragen. Eine Frucht kann zum Beispiel die Liebe sein, die wir an andere Menschen weitergeben. Eine andere Frucht kann die Freude sein, die wir als Christen ausstrahlen und weitergeben sollen.

Es ist hilfreich, hierzu ein Bild von einem Weinstock zu zeigen: die Wurzeln, der Weinstock, die Reben und schließlich die Früchte. An diesem Bild kann man deutlich zeigen, wo der Lebenssaft entlangfließt, um zu den Trauben zu gelangen.
Dieses Bild verdeutlicht, dass es eine Lebensnotwendigkeit für die Rebe ist, fest mit dem Weinstock verbunden zu sein. Es gibt hierbei kein „Bisschen“, sondern nur ein „Ganz“!

[22] Ein Weg für dich

Vertrauen, Leben, Gott

Gott hat einen Plan für unser Leben.

Der Herr sagte zu Abram: Geh fort aus deinem Land, verlass deine Heimat und deine Verwandtschaft, und zieh in das Land, das ich dir zeigen werde! 1. Mose 12,1

ein gepackter Koffer

Ich fahre weg, aber nicht in den Urlaub. Ich werde auch nicht mehr wiederkommen. Das fällt mir nicht gerade leicht. Schließlich lasse ich hier jede Menge zurück. Da sind zum Beispiel meine Freunde und meine Verwandten. Vielleicht werde ich sie nie mehr wiedersehen. Da ist mein Haus. Ich habe es mit meinem Mann zusammen gebaut und eingerichtet. Den Garten habe ich jahrelang bearbeitet und liebevoll bepflanzt. Und nun lasse ich alles zurück. Und auch meinen Beruf muss ich aufgeben. Nichts wird mehr so sein, wie es einmal war. Und ich weiß nicht einmal, was mich erwartet. Ich weiß gar nicht genau, wohin die Reise eigentlich geht.

Könnt ihr euch vorstellen, alles zu verlassen und an einen unbekannten Ort zu gehen? Könnt ihr euch vorstellen, alle eure Zelte hier abzubrechen und von hier wegzugehen?
Den meisten von uns würde das bestimmt nicht leicht fallen. Die meisten von uns hätten Angst davor. Denn schließlich wissen wir ja nicht, was uns dort so alles erwartet. Was wir hier haben, das wissen wir. Damit sind wir vertraut. Aber was uns in der Fremde erwartet, das wissen wir nicht. Das ist uns unbekannt und fremd.

Die Bibel berichtet uns von jemandem, der auch alles hinter sich gelassen hat und in ein unbekanntes Land gezogen ist, weil Gott es gesagt hat. *(1. Mose 12,1 lesen)*

Gott gab Abraham aber auch ein großes Versprechen. Er versprach ihm nämlich Nachkommen, obwohl Abraham und seine Frau bisher kinderlos waren. Abraham, der zu diesem Zeitpunkt 75 Jahre alt war, glaubte Gott und gehorchte ihm. Abraham glaubte an ein Wunder Gottes, denn medizinisch gesehen konnten er und seine Frau keine Kinder mehr bekommen. Er machte sich auf und zog in das Land, das Gott ihm zeigte.

Das ist wahres Vertrauen. Das ist wahrer Glaube. Das ist bedingungslose Nachfolge. Gott verlangt von uns, dass wir ihm und seinen Zusagen voll und ganz vertrauen, weil er es gut mit uns meint, auch wenn uns dieser Weg vielleicht manchmal unsicher erscheint.

Gott will nur unser Bestes. Das sehen wir an Abraham. Gott wusste, wie sehr Abraham und Sara sich Kinder wünschten. Er wollte den beiden diesen Wunsch erfüllen und sie sogar zu einem großen Volk machen!

Und so, wie Gott Abrahams und Saras Kinderwunsch kannte, so kennt er auch unsere tiefsten Wünsche und Sehnsüchte. Das heißt zwar nicht, dass Gott uns alle unsere Wünsche und Sehnsüchte erfüllen wird, aber er wird uns das erfüllen, was für uns und unser Leben am besten ist.

Und so, wie Gott für Abrahams Leben einen Plan hatte, so hat er auch für unser Leben einen Plan. Und dieser Plan ist auf uns persönlich zugeschnitten. Er ist nur für uns bestimmt!

Gibt es vielleicht auch für mich ein Land, das ich verlassen muss, um Neues entdecken zu können? Wie sieht Gottes Plan für mich aus?

[23] Fanclub Jesu

Gottes Wille, Nachfolge, Christsein

Christen sollen sich Christus zum Vorbild nehmen.

Wer von sich sagt, dass er zu Christus gehört, der soll auch so leben, wie Christus gelebt hat. 1. Johannes 2,6

das Poster eines Popstars

Das Poster an der Wand anbringen.

Das ist das Poster meines Popstars! Das ist mein Lieblingspopstar und mein Zimmer ist voll mit Postern von ihm. Ich bin ganz begeistert von ihm und bewundere ihn wirklich sehr. Ich bin sogar in einem Fanclub. Manchmal schreibe ich ihm Briefe, in denen ich ihm sage, wie toll ich ihn finde. Ich lasse fast kein Konzert aus und natürlich hab' ich jede CD von ihm. Ich kaufe jede Zeitung, in der ich etwas über ihn lesen kann, denn ich will einfach alles über ihn wissen! Es interessiert mich brennend, was er so macht, was er denkt und wie es ihm geht.
Am liebsten wäre ich so wie er. Er ist einfach toll! Einfach genial! Alles, was er macht, ist einfach super. Ich bin völlig hingerissen von ihm.

Es ist nicht toll, sich einen Menschen zum Vorbild zu nehmen und ihn zu vergöttern. Gott möchte das nicht! Als Christen sollen wir uns an Jesus orientieren und ihm nachfolgen.

(1. Johannes 2,6 lesen) Christen sollen so leben, wie Jesus gelebt hat. Und dazu ist es notwendig, die Bibel zu kennen, denn in der Bibel können wir nachlesen, wie Jesus gelebt und wie er sich in bestimmten Situationen verhalten hat. An seinem Verhalten sollen wir uns orientieren. Wer so lebt, der lebt nach dem Willen Gottes.

Echte Nachfolge sollte nicht aus einem inneren Zwang heraus geschehen, sondern aus Liebe zu Christus.

Wenn wir Christus wirklich lieben, dann wollen wir auch alles über ihn erfahren. Es interessiert uns auch, wie er gelebt und wie er gehandelt hat. Seine Meinung interessiert uns.

Wir sollen seine Liebe erwidern und sie an andere weitergeben.

Für Christen ist es wichtig, nicht allein dazustehen. Christen sollten sich dem großen Fanclub Christi anschließen, seiner Gemeinde! In der Gemeinschaft der anderen Christen ist es einfacher, Christus nachzufolgen und so zu leben, wie er gelebt hat.

Ob es mir wohl damals leichter gefallen wäre, ein glühender Fan Jesu zu sein? Ist das einfacher, wenn man sein Idol direkt vor Augen hat?

[24] Gemeinsam Probleme lösen

Gottes Wille, Nachfolge, Leben

Christen sollen sich um die Sorgen des anderen kümmern.

Kümmert euch um die Schwierigkeiten und Probleme des anderen, und tragt die Last gemeinsam. Auf diese Weise verwirklicht ihr, was Christus von euch erwartet. Galater 6,2

Acht Personen sollen sich im Kreis aufstellen.

Nun soll jede Person die vor ihr stehende Person an den Schultern massieren.

Es ist doch bestimmt ein angenehmes Gefühl, wenn man so verwöhnt wird! Jemand anderes tut einem etwas Gutes. Aber man selbst hat der Person vor sich ja auch etwas Gutes getan und sie massiert.

In Galater 6,2 steht ein Vers, der aussagt, dass wir uns als Christen umeinander kümmern sollen. *(Vers lesen)*

Hier geht es zwar nicht zuerst darum einander zu verwöhnen, sondern um den Kummer, den der andere hat. Die Schwierigkeiten und Probleme des anderen sollen uns nicht egal sein.

Wenn wir sehen, dass der andere Probleme hat, dann sollen wir ihm helfen. Denn wenn wir unseren Nächsten wirklich so lieben, wie wir uns selbst lieben, dann belastet uns das Problem des anderen so, als wenn wir selbst ein Problem hätten.

Aber schließlich hab' ich mit meinen eigenen Sorgen und Problemen genug zu tun. Was kümmern mich die Sorgen der anderen? Was soll ich mich damit noch zusätzlich belasten? Das kostet doch nur Zeit und meistens auch noch Geld!

Doch Jesus erwartet von uns, dass uns die Sorgen des anderen nicht egal sind. Schließlich möchten wir ja auch, dass man uns hilft, wenn wir in Schwierigkeiten stecken.

Jesus ist unser großes Vorbild. Er hat uns vorgelebt, was es heißt, den anderen aus der Not zu helfen. Jesus waren die Sorgen der anderen Menschen nie egal. Er hat ihnen immer geholfen und sie wieder froh gemacht.

Wir müssen die Sorgen der anderen nicht allein lösen. Wir dürfen Jesus um Hilfe bitten. Er will uns helfen, die Sorgen der anderen zu lösen. Genauso, wie wir Jesus unsere eigenen Sorgen anbefehlen dürfen, genauso dürfen wir ihm auch die Sorgen und Probleme der anderen anbefehlen und auf seine Hilfe vertrauen.

Die Fürbitte ist sehr wichtig und darf auf keinen Fall fehlen, aber trotzdem sollten wir uns zusätzlich persönlich um die Sorgen und Probleme des anderen kümmern. Das kann durch praktische Hilfe oder seelischen Beistand geschehen. Mit tröstenden Worten können wir versuchen, den anderen wieder aufzurichten. Wir können gemeinsam beten und gemeinsam nach einer Lösung des Problems suchen.

Wenn wir gar nicht wissen, wie wir helfen sollen, dann dürfen wir Gott darum bitten, dass er es uns zeigt.

Wir dürfen unsere Augen und Ohren vor den Problemen des anderen nicht verschließen. Bitten wir Gott um offene Augen und Ohren für die Sorgen und Probleme des anderen!

Wie wichtig ist es mir, dass jemand meine Lasten mitträgt? Wer selbst zu schwer zu tragen hat, hat kaum Kraft für fremde Lasten.

[25] Geteilte Freude

Dankbarkeit, Gehorsam, Gottes Wille

Wir sollen mit anderen teilen und von unserem Besitz gerne etwas abgeben.

Vergesst nicht, Gutes zu tun und mit andern zu teilen. Das sind die Opfer, an denen Gott gefallen hat. Hebräer 13,16

fünf Tüten Chips

Jemand isst genüsslich die Chips.

Also, diese Chips hier schmecken besonders gut! So richtig schön knusprig und würzig - echt lecker! Deshalb hab' ich auch gleich fünf Tüten davon gekauft. Mögt ihr eigentlich auch gerne Chips? Also ich esse Chips für mein Leben gern! (weiter genüsslich die Chips essen)

Sicher fanden die meisten es ziemlich gemein von mir, dass ich ihnen von den Chips nichts abgegeben habe, obwohl die Chips sicher für jeden hier gereicht hätten.

Gott möchte, dass wir mit anderen teilen und ihnen etwas von dem abgeben, was uns gehört. *(Hebräer 13,16 lesen)*

Gott möchte, dass wir großzügig sind, weil auch er großzügig ist und uns reich beschenkt mit allem, was wir zum Leben brauchen.

Wir sollen nicht nur auf uns und auf unseren Vorteil sehen, sondern mit offenen Augen durch das Leben gehen und einen Blick für die Sorgen und Nöte unserer Mitmenschen haben. Mit unseren Mitteln und Möglichkeiten sollen wir da eingreifen, wo Not ist und wo unsere Hilfe gefragt ist.

Großzügigkeit hat aber nicht immer gleich etwas mit der Not der anderen zu tun. Ihr seid ja auch nicht verhungert, obwohl ich euch keine Chips abgegeben habe. Großzügigkeit hat auch etwas damit zu tun, dass man den anderen einfach gerne etwas abgibt. Wer seinen Besitz als Geschenk Gottes ansieht, dem wird es leichter fallen, anderen etwas davon abzugeben.

Was steht in unserem Leben an erster Stelle? Ist es Gott oder ist es unser Besitz? Wenn Gott bei uns die erste Stelle einnimmt, dann können wir uns auch leichter von unserem Besitz trennen.

Jeder sollte überlegen, wo er persönlich helfen kann, und Gott um ein großzügiges Herz und offene Augen für die Nöte der anderen bitten.

Welches Gefühl war es, einmal etwas abzugeben, was mir sehr lieb und teuer war? War das Gewinn oder Verlust? Warum vergessen wir das so oft, dass es eigentlich ganz einfach ist, etwas Gutes zu tun?

[26] Hoch begabt

Gottes Wille, Gemeinde, Gehorsam, Dankbarkeit

In der Gemeinde ist jeder einzelne wichtig.

So wie unser Leib aus vielen Gliedern besteht und diese Glieder einen Leib bilden, so besteht auch die Gemeinde Christi aus vielen Gliedern und ist doch ein einziger Leib. 1. Korinther 12,12

ein Buch, aus dem mehrere Seiten herausgerissen wurden

Aus der Stelle des Buches etwas lesen, wo die Seiten fehlen.

Hier stimmt etwas nicht. Der Text ergibt keinen Sinn, weil einige Seiten in dem Buch fehlen. Jede einzelne Seite ist also wichtig. Fehlt auch nur eine Seite, so wird das ganze Buch unbrauchbar. Ein Buch besteht aus vielen verschiedenen Seiten. Jede Seite ist anders. Auf jeder Seite steht etwas anderes. Keine Seite gleicht der anderen, obwohl alle Seiten vom gleichen Autor sind. Zwar sehen alle Seiten von weitem gleich aus, aber sieht man mal etwas genauer hin und liest man dann die einzelnen Seiten, so merkt man, dass sie sich inhaltlich doch sehr unterscheiden. Alle Seiten bilden zusammen ein Buch.

So ist das auch mit der Gemeinde: Zu einer Gemeinde gehören viele verschiedene Christen. Alle zusammen bilden die Gemeinde oder den Leib Christi, wie es in der Bibel heißt. In einer Gemeinde ist jeder einzelne wichtig. *(1. Korinther 12,12 lesen)*

In einer Gemeinde gibt es die unterschiedlichsten Menschen mit den unterschiedlichsten Gaben und Fähigkeiten. Das kann z. B. die Gabe des Helfens, des Lehrens, des Glaubens, der Evangelisation, der Gastfreundschaft oder des Dienens sein. Jede einzelne dieser Gaben ist wichtig, und die einzelnen Gaben ergänzen sich.

Obwohl die Gaben sehr unterschiedlich sind, so sind sie doch alle von Gott und eine Auswirkung des Heiligen Geistes. Die Gaben sind ein Geschenk Gottes und sollen zu seiner Ehre eingesetzt werden. Deshalb sind sie auch alle gleich wichtig.

Niemand sollte sich also verstecken oder aus der Gemeinde zurückziehen, denn sonst ist sie nicht vollständig, so wie ein Buch, bei dem eine oder mehrere Seiten fehlen.

Aus welcher Motivation heraus setze ich meine Gaben in der Gemeinde ein? Schätze ich manche Gaben wichtiger ein als andere? Warum?

[27] Miteinander leben

Gottes Wille, Nachfolge, Gemeinde

Die einzelnen Gaben in der Gemeinde ergänzen sich und leben miteinander.

Unser Leib soll eine Einheit sein, in der jeder einzelne Körperteil für den anderen da ist. Leidet ein Teil des Körpers, so leiden alle anderen mit, und wird ein Teil gelobt, freuen sich auch alle anderen. An diesem Beispiel wollte ich euch erklären: Ihr alle seid der eine Leib Christi, und jeder einzelne von euch gehört als ein Teil dazu. 1. Korinther 12,25-27

ein Wecker

Ein Wecker besteht aus vielen verschiedenen Einzelteilen, wie z. B. aus einem Uhrwerk, aus einem Zifferblatt, aus einem Minuten- und Sekundenzeiger, aus einem Gehäuse usw. Das Uhrwerk allein ergibt keinen Wecker. Das Zifferblatt allein ergibt keinen Wecker. Der Minuten- und der Sekundenzeiger allein ergeben keinen Wecker. Was ist, wenn nur eines dieser Teile fehlt? Was ist, wenn z. B. das Uhrwerk fehlt? Oder wenn das Zifferblatt fehlt? Dann ist der ganze Wecker nicht zu gebrauchen und erfüllt seinen Zweck nicht mehr.

So wie ein Wecker aus vielen verschiedenen Einzelteilen besteht, die alle zusammen einen Wecker bilden, so besteht auch die Gemeinde Christi aus vielen Gliedern mit den unterschiedlichsten Fähigkeiten, die alle zusammen eine Gemeinde bilden.

Bestünde der Wecker nur aus Sekundenzeigern, so wäre die Uhrzeit nicht zu erkennen. Bestünde der Wecker nur aus Zifferblättern, so wäre er ebenfalls unbrauchbar. Deshalb kann nicht ein Einzelteil des Weckers zum anderen sagen: „Ich brauche dich nicht!“

Genauso ist es auch in einer Gemeinde. Eine Gemeinde besteht aus vielen Gliedern mit den unterschiedlichsten Gaben. Jede einzelne Gabe ist wertvoll und wichtig. Die Glieder sollen sich mit ihren Gaben gegenseitig ergänzen.

So wie jedes Einzelteil des Weckers eine bestimmte Aufgabe zu erfüllen hat, so hat auch jeder Christ bestimmte Gaben von Gott erhalten, die er zur Ehre Gottes einsetzen soll.

Nur dann, wenn jeder seine Gaben für Gott nach Möglichkeit einsetzt, kann es in einer Gemeinde richtig funktionieren, so wie ein Wecker nur funktionieren kann, wenn kein Teil kaputt ist.

In einer Gemeinde soll jeder für den anderen da sein und ihm helfen. Die Sorgen und Probleme, die den anderen belasten, dürfen uns nicht egal sein. Und so, wie wir in der Gemeinde alles Leid miteinander teilen sollen, so sollen wir auch alle Freude miteinander teilen. Das ist Gemeindeleben im Sinne der Bibel. *(1. Korinther 12,25-27 lesen)*

Dadurch werden die verschiedenen Menschen zu einer Gemeinde: ihr gemeinsamer Glaube an Gott und das Miteinander-Leben verbindet sie.

Wie kann der Einzelne seinen Platz in der Gemeinde herausfinden? Wenn wir uns bewusst machen, dass wir wirklich der Leib Christi sind, wir also Christus selbst verkörpern, welche Auswirkungen hat das auf unser Zusammenleben innerhalb der Gemeinde und nach außen hin?

[28] Unmöglich!

Erkenntnis, Gottes Macht, Ermutigung

Gott allein ist der Richter.

Urteilt nicht über andere, damit Gott euch nicht verurteilt. Denn so wie ihr jetzt andere verurteilt, werdet auch ihr verurteilt werden. Und mit dem Maßstab, den ihr an andere legt, wird man euch selber messen. Matthäus 7,1-2

Also wenn ich mir anschaue, wie sich einige verhalten, dann frage ich mich ernsthaft, ob das wirklich Christen sind. Wie kann man denn nur als Christ rauchen oder Alkohol trinken? Und als Christ geht man ja wohl auch nicht in die Disko! Und wenn ich mir die Kleidung von so manchen Leuten anschaue - also so läuft doch kein Christ rum! Als Christ sollte man schon ein wenig auf sein Äußeres achten. Einige haben ja sogar Tattoos oder ein Piercing. Das gehört sich doch wohl nicht für einen Christen! Doch ich hätte wenigstens ein bisschen Pünktlichkeit erwartet. Aber selbst das klappt bei vielen ja nicht. Und besonders hilfsbereit sind die meisten ja nun auch nicht. Die Erfahrung mache ich immer wieder. Und letzte Woche hat sich niemand an der Gebetsgemeinschaft beteiligt. Nicht einmal beten können sie! Und als ich die Kuchenliste für das Sommerfest rumgereicht habe, da haben sich gerade mal zwei Leute eingetragen. Und beim Spülen haben auch nur zwei Leute geholfen. So was gehört sich doch nun wirklich nicht für Christen. Da müsst ihr mir doch wohl Recht geben!

Wer kennt sie nicht, diese schlechten Gedanken über andere? Wer hat noch nie über einen anderen Menschen geurteilt und ihn dann am Ende verurteilt? Wenn wir ehrlich sind, dann passiert uns das immer wieder. Und manchmal sogar erschreckend oft!

Doch das ist ganz klar gegen den Willen Gottes. *(Matthäus 7,1-2 lesen)* Es steht uns nicht zu, über andere Menschen ein Urteil zu sprechen. Wir sollen nicht abwertend von einem anderen Menschen denken oder reden. Wir haben nicht das Recht dazu. Denn dann spielen wir Gott. Richter ist aber allein Gott. Denn nur Gott, der ohne jede Sünde ist, kann gerecht urteilen! Ihm allein steht es zu, über Gut und Böse zu richten. Er allein kann in die Herzen der Menschen sehen, und er allein weiß, wie wir es meinen. Er allein kennt die Motive für unser Handeln. Wir Menschen dagegen können das alles überhaupt nicht wissen. Deshalb steht es uns auch nicht zu, den Richter zu spielen.

Wer andere Menschen verurteilt, der wird selbst genauso verurteilt werden. Und mit dem Maßstab, den wir an andere Menschen anlegen, werden wir selbst gemessen. Denn schließlich können wir von den anderen Menschen nicht Dinge erwarten, die wir selbst nicht erfüllen. Aber genau das machen wir oft. Wir sehen zuerst auf die Fehler der anderen und sehen dabei unsere eigenen Fehler nicht.

Doch Gott möchte, dass wir auf unsere eigenen Fehler sehen. Gott möchte, dass wir ihm unsere Sünden bekennen. Wer seine Sünden erkennt und vor Gott bekennt, der bekommt auch einen ganz anderen Blick für seine Mitmenschen.

Wir sollen unsere Mitmenschen mit den Augen der Liebe betrachten und Gott allein die Rolle des Richters überlassen.

Wie kann man unterscheiden, ob man nur lästert oder sich wirklich Sorgen darum macht, dass jemand auf krumme Wege gerät? Welche Rolle spielt Barmherzigkeit in diesem Bibelvers? Wie wird sie definiert?

[29] Auf geht's!

Nachfolge, gute Nachricht, Gehorsam

Jesus hat uns den Auftrag geben, sein Wort weiterzusagen.

Geht hinaus in die ganze Welt und ruft alle Menschen in meine Nachfolge! Matthäus 28,19a

eine Bibel und ein Paar Schuhe

Was haben eine Bibel und ein Paar Schuhe miteinander zu tun?

In Matthäus 28,19a fordert Jesus jeden Christen dazu auf, sein Wort weiterzusagen. *(Vers lesen)* Als Christen haben wir die Aufgabe, anderen Menschen von unseren Erfahrungen mit Gott zu erzählen.

Wie sollen andere Menschen denn Gottes Größe und Stärke erkennen, wenn wir unseren Glauben für uns behalten?

Manchmal zerbrechen wir uns aber stattdessen lieber den Kopf darüber, wie unsere Botschaft wohl bei dem anderen ankommen könnte. Wir haben Angst davor ausgelacht zu werden und wollen lieber nichts riskieren. Heute jedenfalls nicht! Vielleicht morgen oder vielleicht lieber doch übermorgen, ach vielleicht am besten gar nicht! Wenn wir nichts sagen, können wir auch nichts falsch machen, und niemand kann uns auslachen oder heimlich über uns herziehen.

Aber wir vergessen dabei ganz oft, dass Gott die Macht hat, die Menschen zu verändern. Er kann dafür sorgen, dass unsere Botschaft auf guten Boden fällt und viel Frucht bringt. Wir haben seinen Auftrag zu erfüllen und seine Botschaft weiterzusagen. Gottes Aufgabe ist es, die Herzen zu verändern. Da haben wir nichts mehr mit zu tun. Das kann allein Gott. Er ist Spezialist für Herzensangelegenheiten, bei ihm sind alle Dinge möglich!

Aber das vergessen wir sehr oft. Wir denken nur an uns und unsere eigenen Möglichkeiten. Wir denken oft nicht einmal daran, Gott um Hilfe zu bitten. Wir bräuchten keine Angst zu haben, doch wir zittern vor Angst und haben weiche Knie.

Wir müssen überhaupt keine großen Predigten oder Andachten halten, wenn uns das nicht liegt. Aber wir können erzählen, was wir persönlich mit Gott erlebt haben, und wir können den anderen Menschen durch Worte und durch unser Leben Mut machen, an Gott zu glauben.

Jeder hat das Recht, das Evangelium zu hören. Und als Christen ist es unsere Pflicht, dazu beizutragen, dass das Evangelium gelebt und weitergesagt wird.

Durch uns kann und will Gott Menschenherzen verändern.

Welche Möglichkeiten gibt es, die gute Nachricht unters Volk zu bringen? Kreativität ist gefragt!

[30] Wie ein Dieb in der Nacht

Ewigkeit, Nachfolge, Leben

Christen sollen jederzeit auf die Wiederkunft Christi vorbereitet sein.

Seid also zu jeder Zeit bereit, denn der Menschensohn wird gerade dann kommen, wenn ihr es am wenigsten vermutet! Matthäus 24,44

ein Flugticket und eine Liste mit Reisevorbereitungen

Ich bin schon ganz aufgeregt, denn in zwei Wochen fliegen wir in den Urlaub. Aber bis dahin ist noch eine Menge vorzubereiten. Ich hab' mir vorhin erst einmal eine Liste gemacht, damit ich auch nichts vergesse. Schließlich muss ja alles geregelt sein. Und da hat man schnell mal was vergessen. Deshalb hab' ich mir auch jede Kleinigkeit aufgeschrieben. Sonnencreme kaufen, Medizin besorgen, Wertsachen in den Banksafe bringen, Reiseschecks besorgen, Zeitung abbestellen, Kühlschrank ausstellen, Alarmanlage einstellen, Kellertüren verriegeln usw. Die Liste ist natürlich noch viel, viel länger! Da seht ihr mal, wie viel ich noch zu erledigen habe. Aber das geht wohl jedem so, der in den Urlaub fährt.
Das sind zwar jede Menge Vorbereitungen, aber ich mache es auch gerne, denn schließlich freue ich mich ja auf den Urlaub! Verschiedene private Dinge müssen vor dem Urlaub einfach geregelt werden, damit zu Hause alles reibungslos abläuft. Und dann muss ich auch noch Koffer packen. Niemand würde ohne Gepäck in den Urlaub fliegen. Es muss wirklich alles gut vorbereitet sein.

Auch Christen müssen gut vorbereitet sein. Und zwar auf die Ankunft Jesu. *(Matthäus 24,44 lesen)*

Jesus hat zugesagt, dass er eines Tages wiederkommen wird, um all diejenigen zu sich zu holen, die auf dieser Welt als Christen gelebt haben. Doch niemand weiß, wann das sein wird. Diesen Tag kennt nur Gott allein.

Wann wir in den Urlaub fahren, das wissen wir. Wir wissen genau, wann die Reise losgeht, und können uns gut darauf vorbereiten.

Doch weil wir nicht genau wissen, wann Jesus wiederkommen wird, müssen wir jederzeit darauf vorbereitet sein. Auf die Ankunft vorbereitet zu sein, das bedeutet, auf die Ewigkeit vorbereit zu sein.

Doch wie kann man sich denn eigentlich auf die Ewigkeit vorbereiten? Einen Koffer muss man jedenfalls nicht mitnehmen. Irdischer Besitz ist in Gottes Reich ohne Bedeutung. Um uns auf die Ewigkeit vorzubereiten, müssen wir zunächst in der ständigen Gemeinschaft mit Gott leben, das heißt, wir müssen nach seinem Willen fragen und danach leben und auf sein Wort hören.

Gott will die Hauptrolle in unserem Leben spielen. Das heißt, nichts soll für uns wichtiger sein als Gott. Denn nur dann sind wir auch jederzeit dazu bereit, mit Jesus zu gehen. Wer sich nur schwer von seinen Reichtümern und Schätzen trennen kann, weil sie in seinem Leben an erster Stelle stehen, der wird nicht so ohne weiteres dazu bereit sein, mit Jesus zu gehen.

Und weil niemand genau weiß, wann Jesus wiederkommen wird, sollten wir wirklich immer darauf vorbereitet sein! Und wir sollten jederzeit dazu bereit sein, alles stehen und liegen zu lassen und Jesus nachzufolgen.

Freue ich mich darauf, dass Jesus wiederkommt, oder ist das eher ein Schrecken für mich? Was wird mich in der Ewigkeit erwarten?

Die Bibel

Gottes Wort ist Richtschnur für unser Leben.
Dies beinhaltet mehreres: Die Bibel gibt uns klare Anweisung, wie wir leben sollen, was der Wille Gottes ist. Sie gibt uns die Möglichkeit, uns wie in einem Spiegel zu betrachten. In ihr lesen wir über das Wesen Gottes. Sie gibt uns aber auch Hoffnung und Zuversicht, denn in ihr sind die Verheißungen Gottes schwarz auf weiß niedergeschrieben.
Je mehr wir uns also mit dem Wort Gottes beschäftigen, desto besser lernen wir Gott, seinen Willen, seine Zusagen und uns selbst kennen.
Trotz ihres Alters finden wir in der Bibel viele Richtlinien und Angebote für unser Leben in jeder Situation. Damit werden wir als glaubender Mensch wachsen und immer mehr Erkenntnis gewinnen.

[31] Nicht zu viel und nicht zu wenig

Gehorsam, Erkenntnis, Gottes Wille

Worauf man beim Bibellesen achten sollte.

Fügt meinen Worten nichts hinzu, und lasst nichts davon weg! 5. Mose 4,2a

ein nicht vollständig kopierter Bibeltext

Den Text lesen.

Hier stimmt etwas nicht. Der Text ergibt überhaupt gar keinen Sinn, weil er nicht vollständig ist. Man kann nicht einfach einiges aus einem Bibeltext weglassen. Dann stimmt der Zusammenhang nicht mehr und der Text ergibt keinen oder einen völlig anderen Sinn.

Wer so seine Bibel liest, wird Schwierigkeiten damit haben, Zusammenhänge zu verstehen. *(5. Mose 4,2a lesen)*

Jedes Wort der Bibel ist wichtig. Die ganze Bibel ist Gottes Wort.

Die Bibel wurde zwar von Menschen geschrieben, aber diesen Menschen von Gott eingegeben.

Gott hat uns viel zu sagen, und das macht er unter anderem durch die Bibel.

Gott möchte, dass wir die Bibel im Zusammenhang lesen, denn nur so können wir seine Botschaft verstehen und begreifen und Gott richtig kennen lernen.

Gott möchte, dass wir uns beim Lesen der Bibel nicht nur die Rosinen herauspicken, also die Stellen, die uns besonders gut gefallen oder die für uns besonders gut verständlich sind.

Wir sollen auch nicht einfach etwas zu Gottes Wort hinzufügen oder etwas weglassen. Das kann z. B. passieren, wenn wir eine Andacht halten oder wenn wir uns mit anderen über die Bibel unterhalten. Hier sollten wir immer einen ganzen Abschnitt zu Grunde legen und Hintergrundinformationen einbeziehen.

Auch die unangenehmen Aussagen und Inhalte der Bibel, wie z. B. die ewige Verdammnis, müssen erwähnt werden, denn sie sind Teil des Evangeliums.

Das Evangelium muss klar und unverfälscht verkündigt werden, damit Gottes Wort richtig verstanden wird und der Zusammenhang auch stimmt.

Wie in unserem täglichen Leben hat auch die Bibel von schönen und weniger schönen Dingen zu berichten. Damit bekommen wir aber auch in jeder Lage Tipps und Hilfe.

Schwierige und zunächst unverständliche Texte werden durch andere oft viel klarer.

Was können praktische Konsequenzen sein, die dadurch entstehen, dass wir an Gottes Wort etwas verändern?

[32] Garantiert!

Ermutigung, Vertrauen, Hoffnung

Auf die Aussagen der Bibel können wir uns verlassen.

Des Herrn Wort ist wahrhaftig, und was er zusagt, das hält er gewiss. Psalm 33,4

eine Tageszeitung

Einige Schlagzeilen aus der Tageszeitung lesen.

Die wenigsten Menschen zweifeln das an, was in der Tageszeitung steht. Sie sind von der Richtigkeit der Artikel überzeugt und glauben jedes Wort. Die meisten Menschen denken nicht einmal darüber nach, ob es wahr sein könnte oder nicht. Dabei sind es Worte von Menschen, die nicht unfehlbar sind.

Gott dagegen ist unfehlbar. Aber sein Wort wird oft angezweifelt und in Frage gestellt.

Die Bibel ist Gottes Wort. Sie wurde zwar von Menschen geschrieben, aber die Worte wurden diesen Menschen von Gottes Geist eingegeben.

Jedes Wort der Bibel ist wahr. *(Psalm 33,4 lesen)*
Und doch zweifeln viele Menschen die Zusagen, Verheißungen und Geschichten der Bibel an.

Wieso sind trotzdem viele Menschen so skeptisch, wenn es um den Glauben und die Bibel geht?

Vielleicht liegt es daran, dass Gottes Zusagen und Verheißungen so großartig sind, dass sie vielen Menschen unvorstellbar erscheinen. Sie können sich nicht vorstellen, dass allein der Glaube an Gott so lebensverändernd sein kann.

Aber Gott steht zu seinem Wort. Und durch den Glauben an Gott und an sein Wort verändert sich tatsächlich unser ganzes Leben.

Wichtig ist, dass wir Gott und seinem Wort glauben und darauf vertrauen, dass er uns und unser ganzes Leben verändern kann und will. Und wir müssen es wollen, dass Gott uns verändert.

Wenn wir das tun, dann werden wir erleben, wie seine Zusagen in unserem Leben Realität werden.

Es ist spannend, sich auf ein Leben mit Gott einzulassen, denn vieles verstehen wir noch nicht. Aber es lohnt sich, sich darauf einzulassen!

Manche Zusagen braucht man schriftlich. So kann man sich wichtig gewordene Verheißungen aus der Bibel herausschreiben und sichtbar anbringen, z. B. am Spiegel zu Hause oder in größerem Format im Gruppenraum.

[33] Mehr als nur zuhören

Gehorsam, Erkenntnis, Gottes Wille, Handeln

Christen sollen nach Gottes Wort leben.

Nun genügt es aber nicht, sein Wort nur anzuhören; ihr müsst auch danach handeln. Alles andere ist Selbstbetrug! Jakobus 1,22

eine Packung Schmerztabletten mit Packungsbeilage

Bevor ich eine Tablette einnehme, sollte ich vielleicht erst die Packungsbeilage lesen. So, jetzt weiß ich genau, was drin steht. Ich weiß, wann und wie viele Tabletten ich einnehmen und mit welchen Medikamenten ich sie nicht zusammen einnehmen darf. Nach dieser Packungsbeilage sollte ich mich schon richten. Wenn ich zu viele Tabletten einnehme oder wenn ich irgendetwas anderes falsch mache, dann könnte das üble Folgen für mich haben. Allein die Packungsbeilage zu lesen, reicht also nicht aus. Wenn ich keine unangenehmen Überraschungen erleben will, dann sollte ich mich auch nach dem richten, was in der Packungsbeilage steht.

Genauso ist das mit der Bibel auch: Es reicht nicht aus, sich Gottes Wort nur anzuhören. Wir müssen auch danach leben und handeln. Wer als Christ leben will, sollte nach dem leben, was in der Bibel steht. *(Jakobus 1,22 lesen)*

Zunächst einmal ist es natürlich wichtig, dass wir wissen, was überhaupt in der Bibel steht. Das erfährt man durch das regelmäßige Lesen in der Bibel, aber auch durch das Hören von Predigten oder Andachten.

Gott erwartet von einem Christen, dass er das Gehörte auch anwendet. Christen sollen versuchen, täglich nach Gottes Wort zu leben. Wer als Christ Gottes Wort zwar kennt, aber trotzdem nicht danach handelt, verzichtet auf die Liebe und Hilfe Gottes - und ist nicht ehrlich zu sich und zu Gott.

Es ist aber nicht immer ganz einfach, so zu leben, wie Gott es von uns verlangt, aber als Christen sind wir nicht allein: Gott ist mit seinem Heiligen Geist immer bei uns, und er wird uns dabei helfen, nach seinem Wort zu leben, wenn wir ihn darum bitten.

In welchen Situationen passiert es dir leicht, dass du nicht nach Gottes Wort lebst? Welche Konsequenzen kann es haben, nur zu hören und nicht zu handeln?

[34] Nichts als die Wahrheit

Orientierung, Gottes Wille, Liebe, Christsein

Christen sollen nach dem leben, was in der Bibel steht.

Du aber sollst dich in allem, was du sagst, nach Gottes unverfälschtem Wort richten. Titus 2,1

eine Sonnenblume

Um wachsen zu können, richten sich Sonnenblumen zur Sonne aus. Wer schon einmal an einem Sonnenblumenfeld vorbeigekommen ist, konnte beobachten, dass die Blüten der Sonnenblumen alle in eine Richtung wachsen. Aber auch alle anderen Blumen brauchen die Sonne, um wachsen zu können.

So wie die Blumen die Sonne brauchen, um wachsen zu können, so braucht jeder Christ das Wort Gottes als Richtschnur für sein Leben. *(Titus 2,1 lesen)* Als Christen sollen wir uns also in allem, was wir sagen, nach Gottes Wort richten. Wenn wir das tun, dann leben wir so, wie es Gott gefällt. Wenn wir uns in allem nach dem Wort Gottes richten, dann können wir sicher sein, dass unser Leben dem Willen Gottes entspricht.

So wie die Blumen die Sonne brauchen, um wachsen zu können, so braucht auch jeder Christ das Wort Gottes, um als Christ überhaupt wachsen zu können. Die Bibel soll unsere tägliche Nahrung sein. Ohne die Bibel werden wir als Christen geistlich verhungern und innerlich verkümmern.

In der Bibel ist alles aufgeschrieben, was wir wissen müssen, um als Christen nach dem Willen Gottes zu leben. Die Zehn Gebote z. B. sind eine gute Zusammenfassung und können eine Richtschnur für unser Leben als Christ sein.

Nicht nur unsere Taten, sondern auch unsere Worte sind wichtig. Wir sollen auf das achten, was wir sagen, denn unsere Worte können verletzend und zerstörend sein. Mit unseren Worten können wir viel Schaden anrichten. Wer sich aber auf Gott ausrichtet und von seinem Wort aufbauen lässt, kann Gottes Liebe an andere Menschen weitergeben, in Wort und Tat.

Christsein sollte aber nicht aus einem inneren Zwang heraus geschehen, sondern aus der Liebe zu Gott. Aus Liebe zu Gott sollen wir seine Gebote halten und nach seinem Wort leben. Wenn wir das tun, dann werden wir als Christen täglich wachsen.

Wir sollten uns jeden Tag bemühen, nach Gottes Willen zu leben. Da wir aber Menschen und daher nicht vollkommen sind, wird uns das nicht 100%ig gelingen. Gott sieht aber uns Bemühen. Darum und weil er uns ganz genau kennt und um unsere Schwächen weiß - freut er sich darüber. Daher sollten wir niemals aufgeben!

Gottes Wort ist manchmal unbequem, wenn wir es konsequent umsetzen sollen. An welcher Stelle fällt mir das am schwersten? Möchte ich nicht manches Mal gerne „drum herum" reden?

[35] Prioritäten

Gehorsam, Gottes Wille, Priorität

Nichts ist wirklich wichtiger als das, was Gott uns zu sagen hat.

Doch Jesus antwortete ihr: Martha, Martha, du machst dir viel Sorgen und mühst dich um Dinge, die im Grunde nicht so wichtig sind. Wichtig ist nur eins! Das hat Maria verstanden, und davon werde ich sie nicht abbringen. Lukas 10,41-42

eine Bibel, eine Fachzeitschrift über Haus und Heim, ein Kochbuch

Über die Bibel werden die Fachzeitschrift und das Kochbuch gelegt.

Das Kochbuch nehmen und interessiert darin blättern. Dann in der Fachzeitschrift blättern.

Da läuft einem ja das Wasser im Mund zusammen! Ich bekomme richtig Lust zum Kochen! Das hier, das wäre doch was für Sonntag: Pikanter Lachsauflauf mit Käsekartoffeln in Sahnesoße und dazu frischer Spargel und grüner Salat. Als Vorspeise würde ich eine Champignoncremesuppe kochen und zum Nachtisch Weincreme mit Sahnehaube. Aber so ein Menü braucht natürlich viel Zeit. Mit ein, zwei Stunden kommt man da nicht aus. Ich werde vorbereiten, was ich kann, und dann am Sonntag ein wenig eher aufstehen als sonst, damit wir auch pünktlich Mittag essen können. Sonst ist der ganze Sonntag im Eimer und man kann nichts mehr unternehmen!
Ach, und hier ist ja auch die Zeitung, die ich schon so lange gesucht habe! Wir wollen nämlich demnächst renovieren. Und hier sind jede Menge gute Ideen drin. Da kommt noch ganz schön was auf uns zu. Ziemlich viel Arbeit - da werden wir jede freie Minute für die Renovierung brauchen!

Wem kommt das bekannt vor? Da hat man für alles Mögliche Zeit, vielleicht hat man sie nicht einmal, aber man nimmt sie sich. Man nimmt sich nämlich für genau die Dinge Zeit, die einem wichtig sind. Wenn für uns das Kochen wichtig ist, dann werden wir bestimmt viel Zeit damit verbringen, köstliche Menüs zuzubereiten. Vielleicht haben wir aber auch bestimmte Hobbys, die für uns an erster Stelle stehen.

Natürlich dürfen wir auch Hobbys haben. Aber all das soll für uns nicht an erster Stelle stehen. Wer jeden Sonntag den Gottesdienst verpasst, nur um ein köstliches, aber aufwändiges Menü zuzubereiten, handelt nicht im Sinne Gottes. Wer vor lauter Renovierarbeiten keine Zeit mehr zum Bibellesen findet, handelt nicht im Sinne Gottes.
Wenn wir einmal etwas anderes vorhaben als z. B. in den Gottesdienst zu gehen, ist das für Gott kein Problem. Es sollte nur nicht zur Regel werden.

An der Geschichte von Maria und Martha wird deutlich, an welcher Stelle wir in unserem Leben den Schwerpunkt setzen sollen. Die beiden Schwestern verhielten sich völlig gegensätzlich, als sie Besuch von Jesus bekamen. Maria setzte sich zu Jesus und hörte aufmerksam zu, was er von Gott zu erzählen hatte. Martha dagegen war unentwegt damit beschäftigt, die Gäste zu bewirten. Dann reichte es ihr und sie beschwerte sich bei Jesus über ihre Schwester, die ihr nicht half und die sie alle Arbeit allein machen ließ. Darauf bekam sie von Jesus Antwort. *(Lukas 10,41-42 lesen)*
Wirklich wichtig waren die Dinge also nicht, um die sich Martha mühte.

Wenn Gottes Wort uns erreichen will, dann sollen wir nicht weghören, sondern hinhören. Wir müssen dann manchmal vielleicht sogar das eine oder andere liegen lassen. Wir müssen lernen, Prioritäten zu setzen.

Gott möchte nicht nur manchmal zu uns reden, sondern täglich. Wir brauchen täglich Nahrung, um leben zu können. Wer ständig weghört und sich keine Zeit für Gottes Wort nimmt, kann geistlich nicht wachsen, er wird innerlich verkümmern und vieles im Leben verpassen.

Was hält dich persönlich von einer bewussten Zeit für Gott ab? Lass diese Sache eine Zeit lang zu Gunsten einer Zeit mit Gott ruhen. Was hat dir diese Zeit gebracht? Fällt es dir sogar leichter als gedacht, deine Prioritäten neu zu ordnen?

[36] Ein steiniger Weg

Erkenntnis, Zweifel, Wachstum

Gottes Wort muss tief in uns verwurzelt sein.

Der felsige Boden ist ein Beispiel für die Leute, die das Wort Gottes schnell und mit großer Begeisterung annehmen. Aber das Wort kann nicht tief genug in ihr Leben eindringen. Sie sind hin- und hergerissen. Wenn sie wegen ihres Glaubens in Schwierigkeiten kommen oder verfolgt werden, geben sie gleich auf. Markus 4,16-17

mehrere größere Steine

Man findet Steine manchmal mit ein wenig Erde bedeckt auf dem Boden. Wenn zu viele solcher Steine im Garten sind, dann spricht man von einem felsigen Boden. Und auf so einem felsigen Boden kann man nichts anpflanzen. Die Samen können in den felsigen Boden nicht richtig eindringen und werden nicht aufgehen.

In der Bibel ist auch von einem felsigen Boden die Rede. *(Markus 4,16-17 lesen)*

Es gibt genug Leute, die Gottes Wort hören und zunächst einmal begeistert davon sind. Doch sobald sich Schwierigkeiten auftun, werfen sie alles hin und geben dem Glauben keine Chance mehr. Der Glaube kann gar nicht erst in ihnen wachsen.

Wenn man ein Christ wird, sollte man das alte Leben aufgeben und ein neues Leben beginnen: ein Leben mit Gott, nach seinem Willen. Das ist nicht immer leicht, es können sich schon einige Schwierigkeiten auftun.

Alte Freunde merken die Veränderung und versuchen, uns zurückzuhalten. Das alte Leben ist auch sehr verlockend und es ist manchmal vielleicht einfacher das alte und vertraute Leben zu leben, als sich auf ein neues Leben einzulassen. Wer dann nicht tief genug in Gott verwurzelt ist, wird immer wieder zwischen dem alten und dem neuen Leben hin- und hergerissen sein.

Zugegeben, manchmal ist es ganz schön schwer standhaft zu bleiben und trotz aller Steine, die einem in den Weg gelegt werden, an Gott festzuhalten. Aber wenn Gottes Wort erst einmal tief genug in unser Leben eingedrungen ist und wenn eine feste und gesunde Beziehung zu Gott besteht, dann können uns Schwierigkeiten, die wir wegen unseres Glaubens bekommen, nichts mehr anhaben.

Wer tief in Gott verwurzelt ist, wird in solchen Momenten auf Gott vertrauen und ihn um Hilfe bitten.

Bei uns wird zwar niemand wegen seines Glaubens verfolgt, doch es kann sein, dass man als Christ wegen seines Glaubens ausgelacht oder verspottet wird. Vielleicht brechen die alten Freunde sogar alle Kontakte ab, sobald sie merken, dass man sich verändert hat. So etwas tut weh und man muss fest auf Gott vertrauen, um damit fertig zu werden.

Oft merkt man in solchen Situationen, wer die echten Freunde sind und wie wichtig Gott einem geworden ist. Ist mein Glaube stark genug? Mit Gottes Liebe ganz bestimmt!

Wenn du dieses neue und tief in Gott verwurzelte Leben möchtest, dann bitte Gott darum, dass sein Wort tief genug in dein Leben eindringt.

Das kann aber nur dann geschehen, wenn du täglich in seinem Wort liest. Wenn du täglich in der Bibel liest, wirst du immer mehr über Gott erfahren und im Glauben wachsen. Wie soll Gottes Wort in dein Leben eindringen, wenn es bei dir im Bücherregal steht?

Welche Steine liegen auf unserem Lebensweg und wollen uns daran hindern an Gott festzuhalten?
Es bietet sich an, an dieser Stelle ein Buch vorzustellen über jemanden, der in seinem Glauben trotz großer Schwierigkeiten Standhaftigkeit bewiesen hat. Von solchen Leuten kann man viel lernen.

[37] Verkehrsregeln für das Leben

Orientierung, Dankbarkeit, Gottes Wille, Erkenntnis

Nur dann, wenn wir Gottes Wort kennen, können wir auch danach leben.

Tief präge ich mir dein Wort ein, damit ich nicht vor dir schuldig werde. Psalm 119,11

Unterlagen für die Fahrprüfung

Wenn man einen Führerschein machen will, muss man jede Menge Verkehrsregeln und Verkehrszeichen auswendig lernen. Man muss über alles, was den Straßenverkehr betrifft, genau Bescheid wissen. Und das ist auch gut so! Denn wer die Verkehrsregeln nicht kennt, findet sich im Straßenverkehr nicht zurecht und ist eine Gefahr für die Allgemeinheit. Er gefährdet sich selbst und andere. Wer die Verkehrsregeln nicht kennt, wird sicher Fehler machen und gegen die Regeln des Straßenverkehrs verstoßen.

So wie es wichtig ist die Verkehrsregeln zu kennen und zu beachten, genauso wichtig ist es auch die Worte der Bibel zu kennen und zu beachten. Denn in der Bibel erfahren wir, wie wir als Christen leben sollen. *(Psalm 119,11 lesen)*

Als Christen sollen wir die Bibel also nicht nur einfach so lesen, sondern es ist wichtig, dass wir auch danach leben und handeln. Durch die Bibel spricht Gott persönlich zu uns. In der Bibel steht alles, was Gott uns zu sagen hat.

Dort finden wir auch die Zehn Gebote. Sie können eine Art Lebensregel sein und sind ein Teil dessen, was den Willen Gottes ausmacht. Es ist wichtig, sie zu kennen und zu beachten. Sie helfen uns, unser Leben mit Gott und den Menschen richtig zu gestalten. Allerdings darf es nicht darum gehen, irgendwelche Regeln genau einzuhalten, um nur nichts falsch zu machen. Unser Motiv, nach Gottes Willen zu leben, sollte die Dankbarkeit darüber sein, wie gut er zu uns ist.

Wir müssen immer wieder abwägen und neu entscheiden, wie wir Gottes Regeln annehmen und umsetzen. Wir müssen versuchen das Beste daraus zu machen - nicht jede Regel kann jederzeit angewendet werden.

Es muss das Anliegen eines jeden Christen sein, nach Gottes Wort zu leben. Denn wer Gott liebt, der will ihn auch nicht enttäuschen und möchte so leben, wie es ihm gefällt.

Aber auch aus dem Verhalten Jesu können wir lernen, wie wir als Christen leben sollen. Jesus hat es uns vorgelebt. Er ist unser Vorbild. An seinem Verhalten sollen wir uns orientieren.

Grundlage ist also immer das Bibellesen. Wer nicht regelmäßig in der Bibel liest, der verliert die Orientierung. Wer die Bibel oberflächlich liest und sich nicht ausreichend Zeit dafür nimmt, kann sich das Gelesene auch nicht richtig einprägen.

Gott möchte, dass wir uns intensiv mit seinem Wort beschäftigen. Denn sein Wort soll uns eine Hilfe im Alltag sein.

Wie groß ist unsere Angst, etwas falsch zu machen? Wir dürfen bei all dem Nachdenken über den Willen Gottes seine Gnade nicht vergessen! Die Zehn Gebote sind nicht nur Lebens"regeln", sondern auch Lebens"angebote".

Wichtige Bibelstellen, die uns an bestimmte Regeln erinnern sollen, kann man gut sichtbar in der Wohnung anbringen und sie dort allmählich verinnerlichen.

[38] Kraft und Energie für den Alltag

Frieden, Dankbarkeit, Leben

Die Bibel will unsere Speise sein und uns stärken.

Immer wenn du mit mir sprachst, nahm ich deine Worte mit großem Verlangen auf. Ja, dein Wort ist meine Freude und mein Glück, denn ich gehöre dir, Herr, allmächtiger Gott. Jeremia 15,16

eine Brotdose, in der sich ein Butterbrot befindet

Die Brotdose öffnen und damit beginnen, das Brot zu essen.

Habe ich einen Hunger! Mir knurrt schon richtig der Magen. Den ganzen Tag war so viel zu tun, da kam ich gar nicht dazu, mein Brot zu essen. Aber jetzt muss ich unbedingt etwas essen, sonst falle ich noch vom Fleisch. (ein wenig weiteressen) *Hm, das tut richtig gut! Jetzt geht es mir schon viel besser! Viel länger hätte ich es ohne eine Stärkung auch nicht ausgehalten. Ich habe mich schon richtig schlapp gefühlt.*

Ohne Essen halten wir es zwar eine ganze Zeit lang aus, aber wir fühlen uns dann schlapp, haben keine Kraft und keine Energie mehr.

Und so wie einen das Butterbrot stärken kann, so will Gottes Wort uns auch immer wieder stärken, neue Kraft geben und innerlich aufbauen.

In Jeremia 15,16 wird das Wort Gottes als unsere Speise bezeichnet. *(Bibelstelle lesen)*

Wir finden in der Bibel Antworten auf die unterschiedlichsten Lebensfragen, und in der Bibel entdecken wir immer wieder Neues. Es wird deshalb nie langweilig in ihr zu lesen.

In der Bibel finden wir viele Verse, die uns Trost geben, wenn wir traurig sind. Und die uns innerlich wieder aufbauen. Die Bibel ist oft konkret und lebensnah und fordert uns auf zu handeln.

In der Bibel lesen wir viel über Gottes Liebe zu uns Menschen. Nur dann, wenn wir in der Bibel lesen, lernen wir Gott richtig kennen, denn in der Bibel steht alles, was wir über Gott und über das Leben als Christ wissen müssen.

Es ist gut, wenn wir täglich in der Bibel lesen - nicht aus innerem Zwang heraus, sondern weil wir wirklich Hunger nach Gottes Wort haben. So finden wir Kraft und Orientierung für unseren Alltag und wachsen im Glauben.

Wer nur ab und zu in der Bibel liest, wird in der übrigen Zeit geistlich verhungern. Jemand, der regelmäßig seine Mahlzeiten einnimmt, lebt ja auch viel gesünder, als jemand, der ständig irgendwelche Diäten macht oder vergisst etwas zu essen. Mit geistlichen Hungerkuren schaden wir uns und verhindern, dass Gottes Wort in uns wachsen kann.

Obwohl die Bibel schon sehr alt ist, finden wir auch Hilfe für unser heutiges Leben. Dadurch, dass die Menschen viele Bilder benutzen, ist es für uns leichter, die Texte zu verstehen.

Immer, wenn wir die Bibel lesen, können wir Neues entdecken. Auch in Texten, die wir schon lange zu kennen glauben.

Welcher Text der Bibel gibt dir besonders viel Kraft für den Alltag?

[39] Da geht es lang!

Vertrauen, Gehorsam, Ermutigung, Christsein

Die Bibel will uns Orientierung geben.

Dein Wort ist wie ein Licht in der Nacht, das meinen Weg erleuchtet. Psalm 119,105

eine Taschenlampe und eine Bibel

Man braucht eine Taschenlampe im Dunkeln, um zu erkennen, wo man sich gerade befindet. Eine Taschenlampe ist im Dunkeln eine große Hilfe. Ohne sie würde man sich dort nicht zurechtfinden. Man würde orientierungslos durch die Gegend irren. Die Taschenlampe hilft uns dabei, den richtigen Weg zu finden, denn sie erleuchtet den Weg und zeigt uns, wo wir uns gerade befinden und wo wir gehen können.

Auch die Bibel wird mit einem Licht in der Nacht verglichen. *(Psalm 119,105 lesen)*

Und das ist tatsächlich so. So, wie eine Taschenlampe uns Orientierung gibt und uns dabei hilft, uns besser zurechtzufinden, so finden wir auch in der Bibel Orientierung für unser Leben.

Die Bibel zeigt uns, wie wir als Christen leben sollen. Jesus hat es uns vorgelebt. An seinem Leben können wir uns orientieren. Er will unser Wegweiser sein.

Wenn wir das nachleben, was Jesus uns vorgelebt hat, befinden wir uns auf dem richtigen Weg.

In der Bibel stehen viele Zusagen, die uns trösten und Mut machen wollen, wenn wir traurig sind.

Durch die Zusagen können wir neue Kraft und neuen Mut schöpfen. Die Zusagen sind wie ein Licht in der Nacht, denn sie wollen uns froh machen und aufrichten und unser dunkles Leben wieder hell machen.

Gottes Zusagen wollen in unserem Leben Realität werden. Und das können sie, wenn wir an Gottes Wort glauben, auf ihn vertrauen und uns ihm anvertrauen.

Ein Leben mit Gott bedeutet zwar nicht, dass wir nie mehr Sorgen und Probleme haben werden, aber es bedeutet, dass wir immer jemanden haben, dem wir unsere Sorgen und Probleme anvertrauen können.

Gott will uns auf unserem Lebensweg begleiten. Mit seiner Liebe und Nähe will er unser ganzes Leben hell erleuchten.

Aber so, wie eine Taschenlampe nur dann leuchten kann, wenn wir sie einschalten, so kann Gottes Wort auch nur dann leuchten, wenn wir darin lesen. Wer Gottes Wort nicht kennt, wird auch sein Licht nie kennen lernen.

Wie können wir dahin kommen, dass wir wirklich regelmäßig in Gottes Wort nach dem rechten Weg forschen und nicht erst dann, wenn wir schon im Dunkel ein großes Hindernis gerammt haben? Eine gegenseitige Hilfestellung mit anderen Christen kann hier ein guter Anfang sein.

[40] Das Gelesene umsetzen

Erkenntnis, Gehorsam, Handeln

Die Bibel will unser Spiegel sein. Sie zeigt jedem aufrichtigen Leser sein wahres Bild.

Wer Gottes Wort nur hört, es aber nicht in die Tat umsetzt, dem geht es wie einem Mann, der in den Spiegel schaut. Er betrachtet sich, geht wieder weg und hat auch schon vergessen, wie er aussieht. Jakobus 1,23-24

ein Spiegel, eine Krawatte oder ein Tuch, Marmelade, evtl. Schminke

Entweder Krawatte oder Tuch falsch umbinden. Das Gesicht z. B. mit Marmelade beschmieren, die Haare ungekämmt lassen und evtl. unsauber schminken.

In den Spiegel sehen und sich von allen Seiten begutachten.

Ich hatte heute noch keine Zeit, in den Spiegel zu schauen. Ich sehe heute aber nicht gerade gut aus. Meine Krawatte (mein Tuch) ist falsch gebunden, mein Gesicht ist mit Marmelade beschmiert, meine Haare sind ganz strubbelig und geschminkt hab' ich mich auch nicht besonders gut. So wie ich aussehe, kann man ja nicht rumlaufen! Ich muss mich auf jeden Fall erst einmal ein bisschen zurechtmachen. (Spiegel zur Seite legen) *Aber vorher muss ich noch etwas Wichtiges erledigen. Danach habe ich sicher schon längst vergessen, was ich tun wollte.*

Zuerst gucken wir ausführlich in den Spiegel, entdecken jede Menge störende Dinge an unserem Aussehen, die wir unbedingt verändern wollen, und verändern sie dann aber doch nicht.

Weil wir noch etwas Wichtiges zu erledigen haben, hatten wir unsere Vorhaben schon wieder vergessen.

In der Bibel wird Gottes Wort mit einem Spiegel verglichen. *(Jakobus 1,23-24 lesen)*

Gottes Wort zeigt jedem aufrichtigen Leser sein wahres Bild. Jeder, der die Bibel aufrichtig liest, erkennt, was er in seinem Leben verändern muss, um nach Gottes Willen zu leben.

Diese Erkenntnis allein reicht aber nicht aus. Gott möchte, dass wir das Gehörte auch in die Tat umsetzen.

Er möchte, dass wir bereit dazu sind, uns von ihm verändern zu lassen. Sonst haben wir seine Botschaft vergeblich gehört. Damit betrügen wir uns selbst und Gott.

Gott möchte uns zu Tätern seines Wortes machen. Sind wir bereit dazu? Dann sollten wir Gott um seine Hilfe bitten. Er wird uns mit seiner Kraft ausrüsten und uns zur Seite stehen, wenn wir versuchen, nach seinem Wort zu leben.

Bist du bereit dazu, dich von Gott verändern zu lassen? Dann solltest du täglich in Gottes Spiegel sehen, ihn um Erkenntnis bitten und mit ihm im Gebet besprechen, wie du sein Wort in deinem Leben umsetzen kannst.

Es ist gut sich darüber bewusst zu werden, wie man innen aussieht. Man kann aber nicht alles sofort ändern. Dinge, die wir erkannt haben, können wir notieren, damit wir sie nicht vergessen, und gehen eine Sache nach der anderen an.

[41] Wie ein trockener Schwamm

Erkenntnis, Frieden, Dankbarkeit

Wir sollen Gottes Wort mit großem Verlangen aufsaugen. Dann wird es uns stärken.

Immer wenn du mit mir sprachst, nahm ich deine Worte mit großem Verlangen auf. Ja, dein Wort ist meine Freude und mein Glück, denn ich gehöre dir, Herr, allmächtiger Gott. Jeremia 15,16

eine Bibel (evtl. auch verschiedene Übersetzungen zum Vergleich), verschiedene Bibelverse (Psalm 23,1 / Psalm 23,4 / Psalm 37,5 / Psalm 50,15 / Matthäus 7,7 / Matthäus 11,28 / Matthäus 28,20 / Johannes 8,12 / Römer 8,28 / 1. Petrus 5,7)

Die Bibelverse lesen.

Das sind alles recht bekannte Bibelverse. Bibelverse, die einige vielleicht sogar auswendig können. Vielleicht aus dem Konfirmandenunterricht. Bibelverse, die Mut machen.

Es ist gut, wenn wir einige Bibelverse auswendig können. Nicht, um anderen damit zu imponieren, sondern um persönlich Kraft daraus zu schöpfen.

(Jeremia 15,16 lesen) In dem Vers ist die Rede davon, dass jemand Gottes Wort mit großem Verlangen aufnimmt. Genau darum geht es. Es geht nicht um stures Auswendiglernen, sondern um das persönliche Verlangen nach Gottes Wort.

Wenn wir die Bibel lesen, dann sollen wir Gottes Wort hungrig aufsaugen. Das Einprägen und Lernen von Versen und Bibelstellen kommt dann ganz von alleine und ist nur eine Folge des großen Verlangens nach Gottes Wort.

Wer regelmäßig in der Bibel liest, wird erkennen, dass das Lesen in der Bibel Freude macht. Die Bibel will uns aufbauen und Mut machen und Kraft für den Alltag geben. Die Bibel will uns aufrichten und trösten. Doch wenn wir die Bibel nicht aufschlagen und darin lesen, kann sie uns auch keinen Mut machen und keine Kraft für den Alltag geben. Dann kann sie uns auch nicht aufrichten und trösten.

Die Botschaft der Bibel ist heute noch genauso aktuell wie vor 2000 Jahren. Durch die Bibel spricht Gott noch immer persönlich zu uns. Doch wenn wir die Bibel nicht aufschlagen und darin lesen, kann Gott auch nicht zu uns reden.

Wenn wir keine Erfahrungen mit der Bibel machen, dann können wir auch nicht behaupten, dass die Bibel unsere Freude und unser Glück ist, so wie es in dem Vers heißt. Das kann nur jemand behaupten, der Erfahrungen mit den Verheißungen der Bibel macht.

Warum fällt es nur so schwer mit Begeisterung in Gottes Wort zu lesen? Bitten wir Gott ganz konkret um Sehnsucht nach seinem Wort und nach Gemeinschaft mit ihm!

Wenn verschiedene Bibelübersetzungen vorhanden sind, kann man mal darin stöbern, um vielleicht eine Übersetzung zu finden, die einem besonders liegt. Eventuell bringt auch eine neue Übersetzung neuen Schwung ins Bibellesen.Vielleicht können auch Anleitungen zum Bibellesen vorgestellt werden.

[42] Aus Erfahrung lernen

Vertrauen, Erkenntnis, Ermutigung

Gottes Wort hat bis in alle Ewigkeit Gültigkeit.

Das Gras verdorrt, die Blumen verwelken, aber das Wort Gottes bleibt gültig für immer und ewig. Jesaja 40,8

eine verwelkte Blume und vertrocknetes Gras

Als die Blume geblüht hat, war sie noch schön. Doch nun ist ihre Schönheit dahin. Sie ist zerfallen, genauso wie das Gras. Denn alles um uns herum ist vergänglich, nichts hat für immer Bestand.

Dazu gibt es auch einen Bibelvers *(Jesaja 40,8 lesen)*. Das Wort Gottes hat bis in alle Ewigkeit Bestand.

Das Wort Gottes ändert sich nicht. Es ist über Jahrhunderte das gleiche Wort geblieben.

Auf Gottes Wort können wir uns hundertprozentig verlassen, denn Gott hält, was er verspricht - früher genauso wie heute. Gottes Wort ist die Wahrheit.

Himmel und Erde werden vergehen; meine Worte aber gelten immer und vergehen nie. So heißt es in Matthäus 24,35. Gott steht also zu seinem Wort. Auf Gott ist Verlass, bis in alle Ewigkeit. Denn auch in der Ewigkeit hat Gottes Wort noch Gültigkeit!

Auf die Worte von anderen Menschen können wir uns nicht immer verlassen. Denn Menschen halten nicht immer, was sie versprechen. Die Worte von Menschen sind oft gelogen. Wir denken oft nur an unseren eigenen Vorteil. Doch die Erfahrungen, die wir mit den Worten von Menschen gemacht haben, können wir nicht mit Gott vergleichen. Denn Gott steht zu seinem Wort. Er macht keinen Rückzieher und überlegt es sich nicht anders.

Genauso, wie wir Erfahrungen mit den Worten von Menschen machen, genauso müssen wir auch Erfahrungen mit Gottes Wort machen. Denn nur dann, wenn wir Erfahrungen mit Gottes Wort machen, lernen wir Gott auch kennen. Und dann erst werden wir merken, dass wir uns auf Gott verlassen können.

Um solche Erfahrungen zu machen, ist es wichtig, dass wir versuchen, Gottes Wort im Alltag umzusetzen.

Wie verändert sich mein Bild von Gott, mein Reden mit ihm, wenn ich verstanden habe, was es heißt, dass sein Wort ewig Gültigkeit hat? Welche Auswirkungen auf meinen Alltag hat die Erkenntnis über meine eigene Vergänglichkeit?

Jesus

Jesus ist die zentrale Person unseres Glaubens. Es ist wichtig, sich mit ihm auseinander zu setzen, wenn wir Gott besser kennen lernen wollen.
Jesus hat auf seinem Weg mit den Jüngern immer wieder Bilder gebraucht, um ihnen begreiflich zu machen, wer er ist, wie er ist und wie er die Menschen sieht. Diese Bilder waren genau auf den Alltag und das Umfeld der Jünger zugeschnitten. Heute würde er womöglich andere Bilder benutzen. Dennoch sind diese Bilder so eingängig und leicht zu erfassen, dass sie uns auch heute noch helfen können, einen Eindruck davon zu bekommen, welche große Bedeutung Jesus für unser Leben haben will und tatsächlich hat.
Wenn wir Jesus kennen lernen und ihm und seinem Handeln nachfolgen, dann sind wir auf dem richtigen Weg in unserem Leben - auf dem Weg der Liebe, der Zuversicht und des ewigen Lebens bei Gott.

[43] Die Brücke zwischen Gott und Mensch

Entscheidung, Bekenntnis, gute Nachricht

Jesus ist der einzige Weg zu Gott.

Jesus Christus spricht: Ich bin der Weg, ich bin die Wahrheit, und ich bin das Leben! Ohne mich kann niemand zum Vater kommen. Johannes 14,6

ein Bild von einer Brücke

Das Land auf der einen Seite ist mit dem Land auf der anderen Seite durch die Brücke verbunden. Wenn man von hier nach dort kommen will, muss man also den Weg über die Brücke gehen. Es gibt nur diesen einen Weg.

So wie diese Brücke der einzige Weg ist, der zur anderen Seite führt, so ist Jesus der einzige Weg, der zu Gott führt.

Jesus sagt von sich, dass er der Weg ist, die Wahrheit und das Leben und dass ohne ihn niemand zu Gott kommen kann. *(Johannes 14,6)*

Wieso sagt Jesus das? Jesus sagt das, weil der Glaube an ihn Voraussetzung ist, um nach dem Tod bei Gott sein zu können.

An Jesus zu glauben bedeutet, dass wir daran glauben, dass er für unsere Sünden am Kreuz gestorben ist.

Wir müssen also zunächst einmal erkennen, dass wir Sünder sind. Egal wie groß oder wie klein unsere Sünden auch sind, sie trennen uns von Gott.

Gott ist aber heilig. Deshalb darf bei ihm keine Sünde sein. Um nach dem Tod bei Gott sein zu können, müssen wir unsere Sünden zunächst einmal loswerden. Und das können wir nur bei Jesus.

Denn Jesus, der als Gottes Sohn ohne jede Sünde war, hat unsere Sünden auf sich genommen und ist stellvertretend für uns mit dem Tod am Kreuz bestraft worden.

Wenn wir das glauben und wenn wir Jesus unsere Sünden bekennen, dann werden wir nach dem Tod bei Gott sein.

Jesus ist die Wahrheit, weil alle seine Worte wahr sind. Auf Jesus können wir uns immer verlassen, denn er hält, was er verspricht. Er steht zu seinen Zusagen, die er in der Bibel macht. Jedes Wort davon hält er ein. Ihm können wir voll und ganz vertrauen. Ihm können wir unser Leben anvertrauen. Wer mit Jesus lebt, erfährt das jeden Tag neu.

Jesus ist das Leben, weil wir bei ihm das einzig wahre Leben finden: Das Leben, das niemals aufhören wird - das ewige Leben!
Als Christen werden wir nach dem Tod für immer bei Gott weiterleben. Und dieses Leben möchte Jesus jedem schenken, der an ihn glaubt und auf ihn vertraut.

Warum ist es so wichtig, dass Jesus wirklich der einzige Weg zu Gott ist? Gibt es nicht auch andere?

[44] Da ist die Tür

Erlösung, Entscheidung, Glaube

Jesus ist die einzige Tür zu Gott.

Jesus Christus spricht: Ich allein bin die Tür. Wer durch mich zu meiner Herde kommt, der wird gerettet werden. Er kann durch diese Tür ein- und ausgehen, und er wird saftig grüne Weiden finden. Johannes 10,9

eine Tür; diese Andacht sollte in einem Raum gehalten werden, der nur einen Ausgang hat

Die Tür wird von außen verschlossen. Draußen steht jemand mit dem Schlüssel in der Hand, um nach kurzer Zeit wieder aufzuschließen.

Zur Tür gehen und versuchen, diese zu öffnen.

Was ist das denn? Die Tür geht ja gar nicht mehr auf! Und dabei muss ich dringend auf Toilette! Vielleicht klemmt sie ja nur? Da hat wohl wirklich jemand abgeschlossen! Das darf doch wohl nicht wahr sein! Und was mache ich jetzt? Ich muss dringend zur Toilette! Hallo! Ist da jemand? „Hallo, hört mich denn keiner?" (die Tür wird von außen aufgeschlossen) *Na, das wurde aber auch Zeit! Jetzt geht es mir besser! Mir fällt so richtig ein Stein vom Herzen. Ich dachte schon, wir müssten jetzt hier drinnen übernachten.*

Es ist ein ganz schön blödes Gefühl, vor einer Tür zu stehen und nicht durchgehen zu können. Man bekommt es richtig mit der Angst zu tun. Man fühlt sich eingesperrt.

Nicht raus zu können, hat Folgen. Ich konnte nicht auf die Toilette gehen, und wir alle hätten nicht nach Hause gekonnt. Denn durch eine verschlossene Tür kann niemand gehen. Und diese Tür hier ist die einzige Tür, die nach draußen führt. Eine andere Tür gibt es nicht.

In der Bibel vergleicht sich Jesus mit einer Tür. *(Johannes 10,9 lesen)*

In dem Vers hören wir, dass nur der, der durch diese Tür geht, gerettet wird. Nur wer durch diese Tür geht, wird nach dem Tod bei Gott weiterleben. Jesus ist also die Tür zu Gott, und zwar die einzige.

So, wie dieser Raum nur eine Tür hat, die nach draußen führt, so ist Jesus die einzige Tür, die zu Gott führt. Denn nur Jesus kann uns von unseren Sünden befreien und rein machen.

Niemand, der seine Sünden noch mit sich herumschleppt, darf Gottes Heiligtum betreten. Er wird vor einer verschlossenen Tür stehen bleiben müssen: Kein Zutritt!

Wenn wir uns aber von Jesus retten lassen, dann gehören wir zur Familie Gottes, und es wird uns an nichts fehlen, denn Jesus persönlich wird für uns sorgen. Und niemand weiß so gut wie er, was wir zum Leben brauchen.

Wenn wir noch immer damit beschäftigt sind, mit dem Kopf vor die Wand zu rennen, sollten wir vielleicht langsam einmal nach einem echten Ausgang suchen! Jesus gibt uns dazu Gelegenheit.

[45] Kein Pausensnack

Leben, Vertrauen, gute Nachricht

Jesus will unseren Hunger und Durst nach Leben stillen.

Jesus Christus spricht: Ich bin das Brot des Lebens. Keiner, der zu mir kommt, wird jemals wieder Hunger leiden, und niemand, der an mich glaubt, wird jemals wieder Durst haben. Johannes 6,35

eine Brotdose mit einem belegten Butterbrot, eine Flasche Sprudel und ein Pausensnack (z. B. ein Schokoriegel)

Damit beginnen, das Brot zu essen und den Sprudel zu trinken.

Ich habe einen riesigen Hunger! Das ist noch mein Pausenbrot von heute Morgen. Aber ich bin vorher einfach nicht dazu gekommen es zu essen, und dabei hatte ich den ganzen Tag so einen Hunger. Wenn ich mir vorstelle, ich müsste immer auf Brot und auf Getränke verzichten, das wäre ja furchtbar!

Und weil Brot und Trinken für uns unverzichtbar sind, deshalb vergleicht Jesus sich auch mit einem Brot. *(Johannes 6,35 lesen)*
Mit Brot stillen wir unseren Hunger und mit Getränken stillen wir unseren Durst.

Jesus will aber auch einen ganz anderen Hunger und einen ganz anderen Durst in uns stillen: den Hunger und Durst nach Liebe und nach Geborgenheit, nach Trost und nach einem guten Freund, dem man vertrauen kann; den Hunger und Durst nach einem sinnerfüllten Leben, nach einem Ziel und nach einer Perspektive für unser Leben.

Solchen Hunger kennt jeder! Mal ist unser Hunger nach diesen Dingen größer, mal ist er kleiner. Der eine hat vielleicht mehr Hunger nach Liebe, der andere hat dafür mehr Hunger nach Trost und Geborgenheit. Und dann wechselt unser Hunger hin und wieder.

Wichtig ist nur, dass wir wissen, an wen wir uns in solchen Situationen wenden müssen. Aber Voraussetzung ist, dass wir innerlich bereit dazu sind, dass Jesus unseren Hunger stillt. Wir müssen es wirklich wollen.

Ein Brot kann nicht satt machen, wenn wir es in der Brotdose mit uns herumtragen und nicht reinbeißen.

Jesus will nicht nur ein kurzer Pausensnack zwischendurch sein, mit dem wir manchmal für kurze Zeit unseren Hunger stillen, aber kurz danach knurrt uns dann schon wieder der Magen. Jesus will nicht nur Lückenfüller sein. Er will auch kein Ersatz sein, so wie auch der Pausensnack kein richtiger Ersatz für ein Pausenbrot ist.

Jesus will unser Herr sein, und zwar der Herr unseres ganzen Lebens. Er will nicht nur Teile unseres Lebens ausfüllen. Er will unser Leben ganz regieren, alle Bereiche unseres Lebens sollen ihm gehören.

Nur er allein kann den Hunger und Durst in uns wirklich stillen. Das soll nicht heißen, dass wir ohne Jesus keine Freude haben können, das soll aber heißen, dass ohne Jesus die Freude nur oberflächlich und von kurzer Dauer ist.

Wahre Freude, wahren Frieden und wahre Geborgenheit und ein sinnerfülltes Leben kann nur er uns schenken.

Woran liegt es, dass ich doch immer wieder diese sprichwörtlichen Durststrecken habe?

[46] Lebenshunger

Gottes Macht, gute Nachricht, Ermutigung

Jesus hat die Macht Wunder zu tun.

Jeder aß sich satt. Als man anschließend die Reste einsammelte, da waren es noch zwölf Körbe voll. Matthäus 14,20

ein Korb mit Brot

Der Brotkorb wird rumgereicht. Jeder darf sich ein Stück Brot nehmen und essen.

Dieser Brotkorb ist nur einer von zwölf vollen Brotkörben, die übrig blieben, als Jesus mit nur fünf Broten und zwei Fischen fünftausend Männer satt machte, Frauen und Kinder gar nicht mitgerechnet.

Wie ist das nur möglich? Woher hat Jesus überhaupt die Kraft, solche Wunder zu tun?

Jesus ist Gottes Sohn, und Gott hat ihm diese Macht gegeben.

Mit seinen Wundern hat Jesus den Menschen geholfen. Er hat in ihr Leben eingegriffen und ihre tiefsten Bedürfnisse befriedigt. Er hat ihnen geholfen, weil ihm die Menschen und ihre Nöte nicht egal sind. Er hat ihnen geholfen, weil er die Menschen liebt. Sein Herz brennt vor Liebe für uns Menschen.

Das ist so bis auf den heutigen Tag. Und daran wird sich auch nie etwas ändern: Jesus liebt uns und wir sind für ihn sehr wichtig.

Jesus will uns helfen und tut das auch, wenn wir ihn darum bitten. Manchmal brauchen wir Jesus auch gar nicht zu bitten. Die Menschen in der Geschichte haben Jesus gar nicht um Brot gebeten. Jesus weiß einfach, was wir brauchen und was uns fehlt. Und er sorgt dafür, dass wir es bekommen. Er sorgt dafür, dass es uns gut geht. Vieles ist für uns bereits zu einer Selbstverständlichkeit geworden, aber wir nehmen es aus seiner Hand. Und er gibt reichlich und im Überfluss, so wie in der Geschichte: zwölf Körbe blieben übrig!

Bei Jesus sind wir wirklich in den allerbesten Händen. Niemand weiß besser, was uns fehlt, und niemand kann uns reicher beschenken als er.

Jesus will unseren Hunger stillen. Aber nicht nur den Hunger nach Brot, sondern auch den Hunger nach Leben. Und auch da kann uns niemand reicher beschenken als er. Denn wer an ihn glaubt, der wird mit dem ewigen Leben beschenkt.

Es ist gut, mir einmal wieder Gedanken darüber zu machen, welchen Hunger ich wirklich persönlich verspüre. Manchmal ist es ein Lebenshunger und manchmal auch eine momentane Sehnsucht. Wenn ich sie kenne, kann ich Jesus konkret darum bitten. Er kann geben!

[47] Immer dem Licht nach

Gute Nachricht, Vertrauen, Hoffnung

Jesus will unser Licht sein

Jesus Christus spricht: Ich bin das Licht für die Welt. Wer mir nachfolgt, wird nicht mehr in der Dunkelheit umherirren, sondern folgt dem Licht, das ihn zum Leben führt. Johannes 8,12

eine Taschenlampe

In einem dunklen Raum sitzen.

Die Dunkelheit hat für die meisten Menschen etwas Düsteres, etwas Bedrohliches, etwas Unheimliches. Man hat Angst und fürchtet sich. Man wünscht sich Licht herbei, damit man sieht, wo man sich gerade befindet und wo man hergehen muss, damit man nicht stolpert und sich am Ende noch verletzt. Man wünscht sich Licht, damit man die Orientierung wiederfindet. Dunkelheit bringt Gefahren mit sich. Dunkle Wege machen Angst. Dunkle Wege machen unsicher. Niemand geht gerne auf einem dunklen Weg.

Das Leben ohne Jesus ist wie das Leben auf so einem dunklen, unsicheren und holperigen Weg, der lauter Gefahren und Ängste mit sich bringt.

Das Leben mit Jesus ist wie das Leben auf einem hell erleuchteten Weg. Und am Ende dieses Weges kann man das Ziel sogar schon erkennen. *(Johannes 8,12 lesen)*

Jesus vergleicht sich mit einem Licht.

Jesus will unser Licht sein, denn Jesus will unser Leben hell und froh machen. An seiner Seite brauchen wir keine Angst zu haben. Und wenn wir wirklich mal stolpern, dann hält er uns fest. Denn Jesus will unserem Leben Halt und Orientierung geben.

Wir brauchen Jesus! Auch, wenn wir es nicht unbedingt immer sofort merken, dass es Jesus ist, den wir brauchen, damit unser Leben einen Sinn bekommt und ein Ziel hat.

Denn Jesus gibt unserem Leben einen Sinn und ein Ziel. Das Ziel heißt Himmel. Der Himmel ist die Endstation für alle, die ihren Weg gemeinsam mit Jesus gegangen sind. Da wird ihr Leben einmal enden. Und wenn auch wir uns dafür entscheiden oder vielleicht schon dafür entschieden haben, unseren Weg mit Jesus zu gehen, dann werden auch wir nach unserem Tod für immer bei Gott weiterleben. Sein Weg führt uns zum Leben, zum wahren Leben, zum Leben, das niemals endet. Sein Weg führt uns zum ewigen Leben.

Jesus will unser Freund sein, er liebt uns und bei ihm finden wir Geborgenheit. Ihm können wir voll und ganz vertrauen.

Ihm können wir alles anvertrauen. Er wird uns unseren Weg zeigen und uns sicher durchs Leben führen.

An Jesu Seite wird unser Leben hell, denn wir können ihm auch die finsteren Seiten unseres Lebens anvertrauen. Er kümmert sich darum, weil er uns liebt und weil wir ihm wichtig sind.

Jesus sagt, er ist das Licht der Welt. Das bedeutet, dass er das alleinige Licht dieser Welt ist. Es gibt kein anderes Licht. Wie können wir dann meinen, wir könnten mal ein bisschen nach anderen Lichtchen Ausschau halten?

[48] Augenzeuge gesucht

Vertrauen, Zweifel, Glaube

Wir glauben oft den Menschen mehr als Jesus.

Christus kommt vom Himmel und kann bezeugen, was er dort gesehen und gehört hat. Trotzdem glaubt ihm keiner! Johannes 3,32

Urlaubsfotos

Ich bin so beeindruckt von dem, was ich in meinem Urlaub gesehen und erlebt habe, dass ich dachte, ich zeige euch mal ein paar Bilder und erzähle ein bisschen davon: Vielleicht bekommt ihr ja Lust, euren nächsten Urlaub auch dort zu verbringen.

Bestimmt habt ihr keinen Moment an dem gezweifelt, was ich gerade über meinen letzten Urlaub erzählt habe. Sicherlich habt ihr mir jedes Wort geglaubt, denn schließlich war ich ja selbst dort. Habt ihr euch überhaupt Gedanken darüber gemacht, ob das alles stimmt, was ich euch erzähle?

Viele Leute vertrauen den Menschen viel mehr als Gott oder als Jesus. Wieso aber glauben nur so wenige Menschen den Worten Jesu? Wieso glauben nur so wenige Menschen an das, was Jesus über Gottes Macht und Größe erzählt? Dabei kann Jesus, der von seinem Vater zu uns kam, doch nun wirklich am besten bezeugen, was er dort erfahren und erlebt hat.

„Augenzeugen gesucht!“ Das liest man oft. Wieso werden Augenzeugen denn überhaupt gesucht? Weil nur die Augenzeugen hautnah dabei waren und nur sie über das genaue Geschehen berichten können.

Jesus ist der einzige Augenzeuge, der darüber berichten kann, wie es bei seinem Vater im Himmel ist. Jesus ist der Einzige, der Gott je gesehen hat. *(Vers lesen)* Jesus ist der einzige Sohn Gottes. In Jesus wurde Gott Mensch. In Jesus kam Gott selbst zu uns herab auf diese Erde. Doch trotzdem glauben viele Menschen seinen Worten nicht! Sie glauben nicht, was er über Gottes Macht und Größe erzählt. Vielleicht ist Gottes Macht und Gottes Größe für viele einfach unvorstellbar! Vielleicht meinen viele, sie hätten Gottes Liebe nicht verdient und sie können sich vielleicht nicht vorstellen, dass Gott sie tatsächlich liebt. Vielleicht meinen viele, sie müssten sich Gottes Liebe erst mal verdienen!

Doch Gottes Macht und Gottes Größe ist spürbar und erfahrbar. Jeder, der Jesu Worten vertraut und sich vertrauensvoll an Gott wendet, erfährt Gottes Macht und Gottes Größe in seinem Leben.

Genauso verhält es sich mit seiner Liebe zu uns. Durch Jesus können wir sie spüren und erfahren.

Wenn wir dem einzigen Augenzeugen des Himmels glauben, dann werden wir große Wunder erleben. Glauben kann man nicht mit dem Kopf. Glauben muss man mit dem Herzen!

Die Menschen, die Jesus damals live gesehen und miterlebt haben, konnten auch nicht leichter glauben als wir heute. Warum fällt das so schwer, auf Gott zu vertrauen, obwohl doch vieles so offensichtlich ist?

[49] Jesus als Botschafter

Dreieinigkeit, Ermutigung, Leben

Nur Jesus kann das Wesen Gottes wirklich bezeugen.

Er ist vom Himmel gekommen und steht deshalb über allen. Wir aber gehören zur Erde und können nur von irdischen Dingen reden. Johannes 3,31

das Foto eines Afrikaners

Dieser Afrikaner kommt aus Kenia. Er ist dort aufgewachsen. Wenn wir also etwas über Kenia erfahren wollen, bräuchten wir ihn nur zu fragen. Dieser Afrikaner könnte uns über die Sitten und Gewohnheiten der Kenianer berichten, er könnte uns über die Landschaft und Tierwelt Kenias berichten und über vieles mehr. (Falls Afrikaner oder andere Ausländer in der Gemeinde leben oder dort zu Besuch sind, könnten sie einen kurzen Bericht über ihr Land und die Sitten und Gewohnheiten der Menschen dort abgeben.) *Niemand könnte es besser als jemand, der dort aufgewachsen ist.*

In Johannes 3,31 steht, dass es Jesus darum geht, dass er allein uns am besten von Gott und über das Leben bei Gott im Himmel berichten kann.

Niemand außer Jesus war je dort. Niemand außer Jesus hat Gott je gesehen. Niemand kennt Gott so gut wie Jesus. In Johannes 1,18 können wir es nachlesen: Kein Mensch hat jemals Gott gesehen. Doch sein einziger Sohn, der den Vater genau kennt, hat uns gezeigt, wer Gott ist.

Gott hat seinen einzigen Sohn zu uns auf diese Welt geschickt, damit er uns zeigt, wer er wirklich ist.

Unsere persönlichen Erfahrungen, die wir mit Gott machen, sind wertvoll und tragen auf jeden Fall dazu bei, dass unser Glaube reifen und wachsen kann, aber dennoch sind sie Stückwerk. Wir werden nie Gottes ganze Größe und Macht erfassen können. Mit Jesus kam jemand auf diese Welt, der Gottes ganze Kraft und Macht verkörperte und verkündete. Durch Jesu Wirken, durch sein Handeln, durch sein Leben und Sterben wurde Gottes ganze Macht und Größe offenbar.

Der Sohn ist wie der Vater, denn der Sohn und der Vater sind eins.

Wir aber gehören zur Erde und können deshalb auch nur von irdischen Dingen reden. Wir sehen die Dinge aus einem anderen Blickwinkel, irdischer und menschlicher.

Es ist also wichtig auf Jesus zu sehen, auf seine Worte und Werke. Nur so können wir Gottes wahre Größe erkennen oder vielmehr erahnen. So können wir den Weg zu Gott finden.

Jesus sagt: „Wer mich sieht, der sieht den Vater." Anhand der Berichte über Jesus können wir einiges über Gott und sein Wesen lernen. Ein Austausch darüber kann sehr bereichernd sein. Jesus kennt den Himmel und die Erde. Was kann das für mein Verhältnis zu ihm bedeuten?

[50] Er ist wahrhaftig auferstanden

Erlösung, gute Nachricht, Hoffnung

Jesus ist die Auferstehung und das Leben.

Jesus Christus spricht: Ich bin die Auferstehung und das Leben. Wer an mich glaubt, der wird leben, selbst wenn er stirbt. Und wer lebt und an mich glaubt, wird niemals sterben. Johannes 11,25-26

ein Bild von einem leeren Grab

Das Bild wird gezeigt.

Das Bild soll uns an das leere Grab Jesu erinnern.

Jesus Christus ist zwar gestorben, aber er ist nicht im Tod geblieben - er hat nämlich den Tod besiegt: Jesus lebt! Denn Jesus ist stärker als der Tod. Gott hat ihn von den Toten auferweckt. In Johannes 11,25-26 stehen folgende Verse. *(Bibelstelle lesen)*

Jesus selbst ist also die Auferstehung und das Leben. Und wer an ihn glaubt und auf ihn vertraut, der wird mit dem ewigen Leben beschenkt, d. h. wer an Jesus glaubt, wird nicht im Tod bleiben, sondern auferstehen, so wie Jesus auch auferstanden ist. Wer an Jesus glaubt, wird zwar eines Tages sterben, doch er wird dann für immer bei Gott weiterleben. So, wie Jesus jetzt bei Gott im Himmel weiterlebt.

Gott hat sich zu Jesus bekannt, indem er ihn auferweckt hat. Mit Jesu Auferstehung hat Gott gezeigt, dass er Jesu Opfer angenommen hat. Und das hat Auswirkungen für uns und unser Leben. Denn nur so ist es möglich, dass Jesus uns unsere Sünden vergeben kann.

Das ewige Leben beginnt schon jetzt, denn der Glaube an Jesus wird uns und unser ganzes Leben verändern. Als Christen sollen wir uns nämlich an Jesus orientieren und ihm immer ähnlicher werden.

Die Auferstehung Jesu ist ein entscheidender Schritt für die neue Welt, die Gott eines Tages aufrichten wird. Der Tod ist überwunden. Eines Tages wird Jesus Christus die Welt mit Frieden und Gerechtigkeit regieren. Darauf können wir uns als Christen bereits jetzt freuen.

Was würde es bedeuten, wenn Jesus nicht auferstanden wäre? Wie würde mein Glaube und auch mein Leben dann heute aussehen?

[51] Einer, der mit mir geht ...

Erlösung, gute Nachricht, Entscheidung

Jesus ist unser guter Hirte.

Jesus Christus spricht: Ich bin der gute Hirte. Ein guter Hirte setzt sein Leben für die Schafe ein. Johannes 10,11

Bilder (z. B. Postkarten oder Kalenderbilder) von einem Hirten und seiner Schafherde

Die Bilder werden für alle sichtbar auf dem Fußboden ausgebreitet.

Alle werden aufgefordert, die Bilder einen Moment lang zu betrachten.

Ein Hirte steht immer in Beziehung zu seiner Herde und ist für sie da. Im Griechischen umschließt das Wort Hirte das Hüter- und Beschützersein.
Ein Hirte hat die Aufgabe, gute Weideplätze für seine Herde zu suchen und sie dann dorthin zu führen. Er beschützt seine Schafe vor wilden Tieren und vor Unwetter und er ist für den Zusammenhalt der Herde verantwortlich. Er sucht seine Schafe, wenn sie sich verirrt haben, und pflegt sie, wenn sie krank sind. Ohne ihren Hirten wären die Schafe verloren. Sie würden verhungern und umkommen.

Deshalb vergleicht Jesus sich in Johannes 10,11 auch mit einem guten Hirten, der sein Leben für die Schafe einsetzt. *(Vers lesen)*

Gott hat Erbarmen mit uns Menschen. Wir sollen nicht länger als irrende Schafe umherlaufen. Deshalb hat er Jesus als guten Hirten auf diese Welt geschickt, damit er sucht, was verloren ist, und damit er uns errettet.

Die Herde Gottes lebt in Gemeinschaft mit ihrem Hirten. Jesus geht als unser guter Hirte seinen Schafen voraus und zeigt uns den Weg, der zum Leben führt.

Als unser gute Hirte beschützt Jesus seine Schafe und gibt uns Leben im Überfluss.

Jemand, der an Jesus glaubt, muss keine Angst haben, etwas vom Leben zu verpassen, denn Jesus kennt jeden von uns ganz genau, so, wie ein Hirte auch jedes einzelne seiner Schafe ganz genau kennt. Und weil Jesus uns so gut kennt, weiß er auch ganz genau, was gut für uns ist und was nicht. Und schließlich würde ein Hirte niemals etwas Schlechtes für seine Schafe wollen.

Als unser guter Hirte lässt Jesus sogar sein Leben für uns. Aus Liebe zu uns hat er sein Leben für uns eingesetzt und starb stellvertretend für unsere Schuld und Sünde am Kreuz. Das war der einzige Weg, um uns zu retten.

Wenn ich mein Leben mal ehrlich betrachte: Habe ich jemanden, der mich wirklich führt, oder irre ich noch ziellos durch das Leben? Wäre es nicht besser, wir würden uns einem anvertrauen, der weiß, wo es langgeht?

Gebet

Das Gebet ist ein ganz zentraler und lebendiger Aspekt des christlichen Glaubens und des Lebens mit Gott. Dabei ist es immer wieder wichtig sich bewusst zu machen, welche Macht und Wirkung das Gebet hat und welchen Stellenwert es in unserem Alltag einnehmen sollte. Das häufige Gespräch mit Gott bildet die Grundlage unserer Beziehung zu ihm. Im Gegensatz zu den Menschen hat Gott immer Zeit und immer alle Möglichkeiten dieser Welt und des Himmels, um uns zu helfen.

[52] Tief einatmen

Gottes Wille, Leben, Frieden

Unser ganzes Leben soll ein Gebet sein.

Hört niemals auf zu beten. 1. Thessalonicher 5,17

Längere Zeit hält man es nicht aus, nicht mehr zu atmen! Wenn wir leben wollen, dann müssen wir regelmäßig atmen. Atmen ist einfach notwendig um zu leben. Atmen gehört zum Leben dazu.

So, wie jeder Mensch atmen muss, um leben zu können, so muss jeder Christ beten, um als Christ leben zu können. Denn als Christ brauche ich den Kontakt, die Verbindung zu Gott, und diese Verbindung soll niemals abbrechen.

(1. Thessalonicher 5,17 lesen) Wir sollen also sogar niemals aufhören zu beten. Unser ganzes Leben soll ein Gebet sein! Das heißt, wir sollen Gott in alle unsere Pläne und Vorhaben mit einbeziehen! Planen wir z. B. unsere berufliche oder private Zukunft, so sollen wir Gott um Rat fragen. Aber auch bei den kleinen Dingen unseres Lebens will er ein Mitspracherecht haben. Schließlich soll unser ganzes Leben ein Gebet sein und ein Christ zeichnet sich dadurch aus, dass er in allen Dingen auf Gott vertraut, Gott um Rat fragt und ihm nachfolgt.

Vielleicht gibt es sogar Dinge in deinem Leben, die du lieber selbst in die Hand nimmst, weil du Angst davor hast, Gott könnte sie dir aus der Hand nehmen. Dinge, von denen du genau weißt, dass sie nicht nach Gottes Willen laufen. Doch Gott möchte, dass wir ihn in allen Dingen um Rat fragen. Und Gott möchte, dass wir ihn in alle Dinge unseres Lebens einbeziehen.

Wer sein ganzes Leben zum Gebet macht, wird Veränderung in seinem Leben spüren und wird dies nicht bereuen. Denn bei Gott, der uns so gut kennt, wie niemand sonst, und der uns so liebt, wie niemand sonst, ist unser Leben wirklich in den besten Händen!

Ohne zu atmen können wir nicht lange leben. Am besten geht es uns dann, wenn wir regelmäßig atmen. Und genauso ist das auch mit dem Beten. Beten ist das Atemholen der Seele!

Wir können so viel leichter und sicherer Entscheidungen treffen und viel bewusster leben.

Wie ist das bei Beziehungen zu Freunden? Über den Vergleich der Kommunikation in einer vertrauensvollen Beziehung lassen sich gute Parallelen ziehen zu unserem Reden mit Gott. Welche Erwartungen bestehen dort?

[53] Der gewünschte Gesprächspartner ist jederzeit zu erreichen ...

Vertrauen, Ermutigung, Hoffnung

Gott ist jederzeit erreichbar

Wenn du keinen Ausweg mehr siehst, dann rufe mich zur Hilfe. Ich will dich retten, und du sollst mich preisen. Psalm 50,15

ein Handy

Verzweifelt wird eine Telefonnummer nach der anderen gewählt. Es ist jedoch niemand erreichbar.

Ich hab' jetzt bestimmt sieben oder acht Nummern gewählt. Alles Telefonnummern meiner besten Freunde. Aber irgendwie scheint niemand zu Hause zu sein. Dabei brauche ich gerade heute mal jemanden, mit dem ich reden kann.
Es ist wirklich ein ganz schön blödes Gefühl, wenn man dringend mit jemandem reden muss, aber niemand Zeit für einen hat. Ausgerechnet dann, wenn ich jemanden brauche, der mir einfach nur zuhört und mich vielleicht ein wenig tröstet, ist niemand da!

Nur gut, dass wir in unserem Leben nicht allein auf Menschen angewiesen sind. Denn wenn es mir wirklich so richtig dreckig geht, dann kann ich mich an Gott wenden.

Gott ist immer für uns da. Bei Gott ist weder besetzt, noch nimmt er nicht ab. Gott hat immer Zeit für uns, und er ist jederzeit erreichbar.

Wir können immer und überall mit Gott reden und zu ihm beten - laut oder leise, das ist ganz egal. Er hört uns und er wird antworten.

Wenn wir keinen Ausweg mehr wissen, dann weiß Gott weiter. Dann wird er einschreiten und uns helfen.

Gott macht Menschenunmögliches möglich! Wir können Gottes Fähigkeiten nicht mit unseren eigenen, oft sehr geringen Möglichkeiten vergleichen.

Gott weiß immer einen Ausweg. Bei Gott sind wir in den besten Händen, denn niemand ist mächtiger als Gott, und niemand kann uns besser helfen als Gott.

Wir sollten aber nicht vergessen, ihm für seine Hilfe zu danken, ihn dafür zu loben und zu preisen.

Wir sollten auch nicht ungeduldig oder undankbar sein, wenn die Antwort etwas Zeit benötigt oder anders ist, als wir sie uns vorgestellt haben. Gott weiß, was er tut.

Wie ist das denn mit dem Preisen? Ordne ich Gutes in meinem Leben dem Handeln Gottes zu oder nehme ich es als selbstverständlich ihn?

[54] Alles, was wir brauchen

Ermutigung, Vertrauen, Gottes Macht

Wenn wir Gott darum bitten, dann gibt er uns das, was wir brauchen.

Wenn ein Kind seinen Vater um ein Stück Brot bittet, wird er ihm dann einen Stein geben? Wenn schon ihr hartherzigen, sündigen Menschen euren Kindern Gutes gebt, wie viel mehr wird euer Vater im Himmel denen gute Gaben schenken, die ihn darum bitten! Matthäus 7,9.11

Packung Taschentücher

Einer eingeweihten Person die Taschentücher geben mit der Anweisung, sie auf Anforderung zu übergeben.

Nach einem Taschentuch suchen.

Ich suche schon die ganze Zeit nach einem Taschentuch! Ich kann aber keins finden! Hat einer hier bitte ein Taschentuch für mich?
(Taschentuch wird von einer Person überreicht)
Ich hab' gerade um ein Taschentuch gebeten, und jemand hat mir ein Taschentuch gegeben. Es wäre niemand auf die Idee gekommen, mir stattdessen etwas anderes zu geben. Ich brauchte ja schließlich ein Taschentuch.

So ist das bei Gott auch. *(Matthäus 7,9.11 lesen)* Wenn wir Gott darum bitten, dann wird er uns das geben, was wir brauchen. Gott wird uns nicht alle unsere Wünsche erfüllen, aber das, was wir wirklich brauchen, was für unser Leben wichtig und notwendig ist, das wird er uns schenken. Das tat er auch schon, als er uns erschaffen hat. Gott hat an alles gedacht.

Gott sorgt für uns, und bei ihm sind wir ihn den allerbesten Händen. Niemand kennt uns so gut wie Gott, und deshalb kann uns auch niemand so gut helfen wie Gott.

Niemand kennt unser Leben so gut wie Gott. Denn Gott kennt nicht nur die Gegenwart und die Vergangenheit, er kennt auch unsere Zukunft. Gott weiß, was morgen sein wird. Er weiß aber auch, was in zwei Wochen, zwei Jahren oder zwei Jahrzehnten sein wird. Und das wird er immer berücksichtigen, wenn er uns hilft oder wenn er anders eingreift, als wir uns das vielleicht vorstellen.

Manchmal sind wir vielleicht felsenfest davon überzeugt, Gottes Willen zu kennen, und können uns dann gar nicht vorstellen, wieso Gott anders als erwartet eingreift. Doch dann dürfen wir wissen, dass Gott alle Fäden in der Hand hat und nur unser Bestes will!

Niemand ist mächtiger als Gott. Niemand kann uns so helfen wie Gott. Denn Gott hat die Macht Wunder zu tun und da einzugreifen, wo alles verloren erscheint.

Gibt es also etwas Besseres, als sich mit seinen Sorgen und Problemen vertrauensvoll an Gott zu wenden?

Ist mir das wirklich bewusst, dass Gott mir gute Gaben geben will? Vertraue ich darauf und nehme ich das, was Gott mir gibt, dann auch an?

[55] Offen sein für Gott

Gottes Wille, Vertrauen, Geduld

Gott ist kein Gebetsautomat. Gott erfüllt nicht alle unsere Wünsche, aber alle seine Zusagen.

Wir dürfen uns darauf verlassen, dass Gott unser Beten erhört, wenn wir ihn um etwas bitten, was seinem Willen entspricht. 1. Johannes 5,14

E in Plakat, auf das wir einen Gebetsautomaten malen. Folgende Tasten sollten vorhanden sein: eine große Taste „Wünsche", darunter verschiedene Rubriken: Beruf, Familie, Finanzielle Sicherheit, Gesundheit, Glück.

Das Plakat wird für alle sichtbar an der Wand angebracht.

Hier hängt ein Gebetsautomat. Das ist doch wirklich eine äußerst praktische Erfindung! Da gibt es ja sogar Tasten für die verschiedenen Wünsche. So vergisst man wenigstens nichts. Die wichtigsten Wünsche kommen vor. Wenn ich irgendeinen Wunsch habe, dann drücke ich einfach die entsprechende Taste und warte, bis mein Wunsch in Erfüllung geht. So ein Gebetsautomat ist echt klasse!

Wer so mit dem Beten umgeht, handelt alles andere als klasse. Gott ist kein Automat, der für die Erfüllung unserer Wünsche zuständig ist. Aber viele Menschen vertreten leider diese Ansicht und benutzen Gott wie einen Gebetsautomaten.

Gott will, dass wir in einer lebendigen Beziehung zu ihm leben und zuerst danach fragen, was sein Wille für unser Leben ist. *(1. Johannes 5,14 lesen)* Wer mit Gott lebt, dem geht es in seinem Leben an erster Stelle darum, Gott zu dienen und seine Liebe zu erwidern und nicht um seine eigenen Wünsche.

Es gibt aber leider viele Menschen, denen Gott sonst eigentlich gar nichts bedeutet, und sie nehmen nur Kontakt mit ihm auf, weil sie hoffen, dass er ihnen ihre Wünsche und Träume erfüllt. Aber diese Menschen werden sehr bald merken, dass es bei Gott so nicht funktioniert! Gott lässt sich nicht mal eben für unsere Wünsche gebrauchen und dann einfach wieder in die Ecke stellen. Gott will uns ganz. Er will, dass wir unser Leben mit ihm teilen. Er will, dass wir in Gemeinschaft mit ihm leben.

In Gemeinschaft mit Gott zu leben heißt zum Beispiel, dass wir täglich in seinem Wort lesen und täglich mit ihm reden. Wer täglich in der Bibel liest, der wird immer mehr über Gott erfahren und der wird Gottes Willen immer besser kennen lernen. Dann ist es auch einfacher, mit ihm zu reden. Denn wir wissen, was ihm wichtig ist.

Es ist aber nicht immer leicht, Gottes Willen zu erkennen, und nicht immer wird uns das gelingen. Und manchmal sind wir uns vielleicht sogar völlig sicher, den Willen Gottes zu kennen, und dann erhalten wir eine völlig andere Antwort von Gott, als wir eigentlich erwartet haben. Oft werden wir Gottes Willen für unser Leben nicht sofort verstehen. Und manchmal wird es uns unbegreiflich sein, wieso Gott ausgerechnet so und nicht anders handelt.

Dabei geht es nicht darum, welche Sprache wir benutzen oder wie wir ihn anreden, sondern z. B. darum, dass wir nicht nur bitten, sondern auch danken und dass wir uns im Gebet Gott ganz öffnen, ihm alles sagen und das annehmen, was Gott uns gibt.

Aber wie Gottes Antwort auch ausfallen wird, so dürfen wir doch sicher sein, dass er nur das Beste für uns will, weil er uns liebt und nie etwas tun würde, was uns schadet.

Wenn wir gar nicht wissen, was Gottes Willen entspricht, dann dürfen wir ihn darum bitten, dass er uns dabei hilft, seinen Willen zu erkennen.

Das Vaterunser lehrt uns eine Form des Gebets, die den Willen Gottes stark in den Vordergrund rückt. Es kann uns helfen, den genannten Vers noch einmal aus einer anderen Perspektive zu beleuchten.

[56] Getrocknete Tränen

Ermutigung, Vertrauen, Geborgenheit

Gott hört unser Gebet und kennt unsere Gefühle.

Ich habe dein Gebet gehört und deine Tränen gesehen. 2. Könige 20,5

sieben gebrauchte Taschentücher

Die Taschentücher liegen auf dem Tisch.

Jemand hat sich hier wohl so richtig ausgeheult! Es tut manchmal gut, sich so richtig auszuheulen. Aber es schmerzt, wenn jemand daneben sitzt und so tut, als ginge ihn das alles nichts an. Es schmerzt, wenn man nicht getröstet wird. Dieser Schmerz ist dann manchmal genauso groß wie der eigentliche Schmerz.

Doch wir dürfen wissen, dass Gott unser Schreien immer hört. Er hört uns, wenn wir in unserer Not zu ihm rufen, und er sieht auch unsere Tränen. *(2. Könige 20,5 lesen)*

Und Gott hört und sieht uns nicht nur, es ist ihm auch nicht egal, wie wir uns fühlen! Gott möchte uns nämlich helfen. Er möchte eingreifen, er möchte unsere Tränen trocknen.

Gott liebt uns, und deshalb ist es ihm nicht egal, wenn es uns schlecht geht. Aber Gott freut sich, wenn wir in unserer Not zu ihm kommen und ihn um Hilfe bitten.

Gott freut sich, wenn wir Vertrauen zu ihm haben. Und wir dürfen sicher sein, dass Gott alle unsere Gebete hört. Er nimmt unseren Kummer und unsere Sorgen ernst, und er versteht uns auch, denn Gott kennt uns durch und durch. Niemand kennt uns und unsere Sorgen besser als Gott. Und deshalb kann uns auch niemand so gut helfen wie Gott. Bei ihm sind wir mit unseren Sorgen wirklich in den allerbesten Händen.

Gott möchte unsere Tränen trocknen und uns wieder aufrichten. Wichtig ist nur, dass wir uns auch von ihm helfen lassen und seine Hilfe dann nicht ablehnen, egal wie ungewöhnlich sie vielleicht ist.

Vielleicht haben wir nur gebetet, um uns zu beruhigen, und gar nicht, weil wir Gottes Hilfe wirklich erwarten. Vielleicht ist es uns auch gar nicht recht, wenn Gott plötzlich in unser Leben eingreift. Dann würden wir auf seine Stärke und Liebe verzichten. Dabei können wir vieles gar nicht allein bewältigen.

Gibt es jemanden, mit dem ich zusätzlich zum Gebet regelmäßig spreche? Ein solcher treuer Begleiter ist wichtig und nicht nur notwendig in Krisenzeiten, sondern als ständiger Ansprechpartner. Wichtig: Dieses Angebot beruht auf Gegenseitigkeit!

[57] Bitte hinterlass eine Nachricht ...

Vertrauen, Ermutigung, Geborgenheit

Gott lässt unsere Gebete nicht unbeantwortet.

Als ich den Herrn um Hilfe bat, antwortete er mir und befreite mich von meinen Ängsten. Psalm 34,5
Ich rufe zu dir, denn du, Gott, wirst mich erhören; neige deine Ohren zu mir, höre meine Rede. Psalm 17,6

witzige Anrufbeantwortersprüche

einige Sprüche lesen

Da hat man etwas auf dem Herzen - vielleicht ein Problem oder man braucht dringend Hilfe -, und niemand ist da, der Zeit für einen hat. Jeder ist mit sich selbst beschäftigt. Niemand hat Zeit und schon gar nicht sofort. Nun ja, vielleicht in ein paar Tagen. Aber jetzt und heute - auf keinen Fall! Die Nachricht, die du auf dem Anrufbeantworter deines besten Freundes hinterlassen hast, bleibt leider unbeantwortet. Kein Rückruf, nichts! Dabei hieß es auf dem Anrufbeantworter doch: „Sobald ich wieder zu Hause bin, rufe ich garantiert zurück!“ Doch Fehlanzeige! Kein Rückruf, nichts! Du bist maßlos enttäuscht und traurig, und jetzt hast du nicht nur dein Problem, jetzt ärgerst du dich auch noch über deine Freunde, die nicht da sind, wenn du sie brauchst.

Bei Gott ist das anders. Denn Gott antwortet auf unsere Gebete und auf unsere Hilferufe. *(Psalm 34,5 und Psalm 17,6 lesen)*

Wenn wir Gott um Hilfe bitten, dann wird er uns auch helfen. Wichtig ist, dass wir ihm vertrauen und ihm zutrauen, dass er uns helfen kann. Und Gott kann helfen, denn bei ihm ist nichts unmöglich. Rein menschlich gesehen ist es zwar nur schwer vorstellbar, dass Gott alle unsere Gebet hört und beantwortet. Doch da dürfen wir uns wirklich drauf verlassen.

Aber manchmal dauert es, bis wir von Gott eine Antwort bekommen. Nicht immer wird Gott sofort auf unser Gebet antworten. Gott erwartet von uns, dass wir geduldig sind.

Gottes Hilfe wird vielleicht nicht immer so aussehen, wie wir uns das gerade vorstellen, aber auf jeden Fall immer so, wie es für uns und unser Leben am besten ist.

Und weil das alles so ist, brauchen wir auch keine Angst mehr zu haben, wenn wir uns Gott anvertraut haben. Denn wenn wir unsere Sorgen und Probleme Gott anvertraut haben, dann sind wir wirklich in guten Händen. Dann sind wir sogar in den besten Händen! Denn niemand kann uns besser helfen als Gott, denn keiner kennt uns besser als er.

Außerdem ist es wichtig, dass wir für Gottes Antworten offen sind und mit wachsamen Augen und Ohren durch die Gegend gehen. Denn seine Antworten kommen ja nicht per telefonischem Rückruf oder per Post. Gott kann unsere Gebete auf vielfältige Art und Weise beantworten. Gott kann zum Beispiel durch andere Menschen zu uns antworten. Oder er antwortet durch eine Predigt. Manchmal erfahren wir Gottes Antwort aber auch durch das Lesen der Bibel oder bestimmte Ereignisse.

Wenn wir uns nicht sicher sind, ob wir Gottes Antwort richtig verstanden haben, können wir uns bei ihm versichern oder mit anderen darüber sprechen. Nachfragen ist bei Gott erlaubt!

Gottes Wege und Gottes Antworten lassen sich nicht erklären oder berechnen. Aber eins dürfen wir wissen: Gott wird uns immer helfen, wenn wir ihn darum bitten. Und er wird uns immer so helfen, wie es für uns am besten ist! Und wenn wir das wissen, dann brauchen wir wirklich keine Angst mehr zu haben.

Bin ich geduldig und warte auf Gottes Antwort? Frage ich zuerst ihn oder andere Personen? Welche Antwort ist mir wichtiger?

[58] Ruhe, bitte!

Ruhe, Vertrauen, Gott, Allmacht, Gebet

Zum Gebet brauchen wir Ruhe.

Wenn du beten willst, gehe in dein Zimmer, schließe die Tür hinter dir zu, und bete zu deinem Vater. Und dein Vater, der selbst deine geheimsten Gedanken kennt, wird dich erhören. Matthäus 6,6

ein Kassettenrecorder, eine Musikkassette und zwei Bücher

Der Recorder wird eingeschaltet, die Musik spielt sehr laut, dann werden zwei Personen darum gebeten, gleichzeitig aus den Büchern etwas vorzulesen.

Wie war das gerade? Kann man viel von dem verstehen, was vorgelesen wurde? Wahrscheinlich nicht! Die Musik war einfach zu laut. Und wie klappte das Vorlesen? Auch das war aufgrund der lauten Musik nicht gut möglich! Die Musik war störend. Bei zu viel Lärm und Unruhe kann man sich nicht richtig auf den Text konzentrieren. Und wenn zwei Personen gleichzeitig etwas vorlesen, dann stören sie sich gegenseitig.

In der Bergpredigt fordert Jesus uns dazu auf, zum Gebet einen ruhigen Ort aufzusuchen. *(Matthäus 6,6 lesen)*

Wenn selbst das Vorlesen eines vorgegebenen Textes bei zu viel Unruhe nicht möglich ist, wie wollen wir uns dann bei Lärm und Unruhe auf die Formulierung eines Gebetes konzentrieren? Wir würden wahrscheinlich mehr als die Hälfte unserer Anliegen vergessen, wenn wir überhaupt einen klaren Gedanken fassen könnten.

Gott möchte, dass wir uns ausreichend Zeit zum Beten nehmen und das Beten nicht als eine fromme Pflichterfüllung ansehen und in Eile, Unruhe und Hektik schnell hinter uns bringen.

Das Gebet muss jedem Christen ein tiefes, inneres Bedürfnis sein. Ohne das Gebet bricht der Kontakt zu Gott ab! Als Christen brauchen wir sogar den ständigen Kontakt zu Gott. Ohne das Gespräch mit unserem Herrn bricht der Draht nach oben ab, und die Verbindung ist gestört!

Obwohl Gott zwar unsere geheimsten Gedanken und Wünsche und Bedürfnisse kennt, so will er doch von uns um Hilfe gebeten werden. Wir haben die Zusage, dass er uns erhört, wenn wir zu ihm beten. Und wir dürfen wissen, dass er uns so helfen wird, wie es für uns und für unser Leben am besten ist.

Und beten heißt nicht nur bitten. Beten heißt auch danken und loben.

Gott ist kein Automat, der für die Erfüllung unserer Wünsche zuständig ist, sondern er will der Herr unseres ganzen Lebens sein.

Und da mit ihm zu leben einen ständigen Draht nach oben bedeutet, dürfen wir auch immer und überall zu ihm beten. Unser ganzes Leben soll schließlich ein Gebet sein. Aber das heißt natürlich nicht, dass wir nicht Zeiten der Stille brauchen. Diese Ruhe ist wichtig. Nur dann, wenn wir genügend Ruhe und Stille zum Gebet und zum Bibellesen haben, können wir innerlich auftanken. Und wir können hören, was Gott uns zu sagen hat.

Was ist das für ein Gefühl, wenn ich weiß, dass Gott meine geheimsten Gedanken kennt? Ist das eher beklemmend oder eher Mut machend?

Um manche Anliegen nicht zu vergessen, kann man sie ruhig aufschreiben. Dabei kann es auch gut sein, wenn man festhält, was aus diesen Anliegen geworden ist. Hat Gott geantwortet? In welcher Form?

[59] Die Zeit muss sein

Gehorsam, Dankbarkeit, Gottes Macht

Zum Beten gehört auch das Danken.

Einer von ihnen lief zu Jesus zurück, als er merkte, dass er geheilt war. Laut lobte er Gott. Er warf sich vor Jesus nieder und dankte ihm. Und das war ein Mann aus Samarien. Lukas 17,15-16

Mehrere Personen werden dazu aufgefordert, andere um einen Gefallen zu bitten, sich dann aber nicht dafür zu bedanken.

Person 1: Hat jemand mal bitte ein Taschentuch für mich?
Person 2: Hat jemand bitte einen Zettel für mich?
Person 3: Kann mir jemand mal bitte einen Kuli leihen?
Person 4: Machst du bitte das Fenster auf?

Fällt dabei etwas auf? Es wurde zwar immer um Hilfe gebeten, aber niemand hat sich dann dafür bedankt, dass ihm geholfen wurde. Wer andere um Hilfe bittet und sie dann bekommt, der sollte sich dann auch dafür bedanken. Bitten und danken gehört zusammen.

Das betrifft auch und insbesondere das Gebet. In der Bibel gibt es eine Geschichte, die davon erzählt, wie Jesus zehn Leprakranke wieder gesund gemacht und von ihrer schlimmen Krankheit befreit hat. Doch nur einer von ihnen kam zu Jesus zurück, um sich bei ihm dafür zu bedanken. *(Lukas 17,15-16 lesen)*

Wie sieht das bei uns aus? Bedanken wir uns immer bei Gott für seine Hilfe, oder gehören wir zu den neun anderen, die kein Lob und keinen Dank für Jesus übrig haben? Und dabei hatte sich ihr Leben doch plötzlich völlig zum Positiven verändert. Denn nun konnten sie wieder richtig leben. Aber konnten sie das wirklich? Denn das richtige Leben ist ein Leben mit Jesus. Und wer mit Jesus lebt, der schiebt ihn nicht beiseite, nachdem er erfolgreich die Wünsche erfüllt hat.

Äußerlich war den neun Leprakranken zwar geholfen, aber innerlich war nur dem Samariter geholfen, der sich bei Jesus für seine Hilfe bedankt hat. (Lukas 17,19). Er hatte nämlich erkannt, worauf es bei Jesus wirklich ankommt: dass es darum geht, mit Jesus zu leben und dass zum Beten auch das Loben und Danken gehört. Er warf sich sogar vor Jesus nieder. Das war ein Zeichen der Demut.

Er nahm sich genug Zeit zum Loben und zum Danken. Dabei gab es für ihn jetzt, wo er von seiner schlimmen Krankheit geheilt war, doch noch so viel anderes zu erledigen! Dinge, die er schon lange nicht mehr gemacht hatte, weil seine Krankheit ihn davon abhielt. Endlich konnte er sich wieder frei bewegen! Endlich konnte er wieder zu seiner Familie zurück! Was würden sie dazu sagen, wenn sie sahen, dass er von seiner Krankheit geheilt war? Es gab wirklich viel zu erledigen, aber das konnte den Samariter nicht davon abhalten, sich bei Jesus zu bedanken.

Vergessen wir nicht auch oft vor lauter Freude über die Hilfe Gottes den Dank? Sind wir nicht auch oft so beschäftigt mit uns selbst, dass es uns gar nicht in den Sinn kommt, uns bei Gott zu bedanken? Und wie viel ist längst selbstverständlich für uns und wir sehen gar nicht die Notwendigkeit, uns bei Gott dafür zu bedanken?

Dank sollte aber auch nicht aufgeschoben werden. Wer etwas geschenkt bekommt, bedankt sich ja auch sofort dafür und nicht erst am nächsten Tag.

Wie kann Dankbarkeit zum Lebensmotto werden?

[60] Für andere bitten

Hilfe, Vertrauen, Gebet

Die Fürbitte ist ein wichtiger Teil unseres Gebets.

Betet für alle Menschen auf dieser Welt und dankt Gott.
1. Timotheus 2,1b

ein Familienfoto

Dieses Foto trage ich immer bei mir. Meine Familie ist wirklich sehr wichtig für mich. Ich kann mir nicht vorstellen, was ich ohne sie anfangen würde. Manchmal habe ich richtig Angst, dass einem von ihnen etwas zustößt. Das wäre wirklich ganz furchtbar! Ich darf gar nicht daran denken!

Es ist wirklich gut, dass ich gegen diese Angst etwas machen kann. Ich bin mit meiner Angst nicht allein, denn ich bitte Gott darum, dass er meine Familie beschützt - dann bin ich viel beruhigter und viel gelassener.

Auch dann, wenn ganz konkrete Dinge in meiner Familie anliegen, bitte ich Gott um Hilfe. Gott lässt meine Gebete nicht unbeantwortet, deshalb macht es mir Mut, auch für andere Menschen zu beten. Ich möchte, dass auch sie Gottes Hilfe in ihrem Leben erfahren und dadurch vielleicht sogar zum Glauben kommen.

Gott möchte, dass unsere Gebete nicht nur um uns selbst kreisen. Er möchte, dass wir die Nöte der anderen sehen und im Gebet vor ihn bringen wie unsere eigenen. *(1. Timotheus 2,1b lesen)*

Als Christen tragen wir eine große Verantwortung für unsere Mitmenschen. Als Christen haben wir es gelernt, auf Gott zu vertrauen und alle unsere Anliegen vor Gott zu bringen. Und so, wie wir unsere eigenen Anliegen vor Gott bringen, so sollen wir auch für unsere Mitmenschen beten.

Durch Beten können wir schließlich die Welt verändern. Gott möchte vor allem die Herzen unserer Mitmenschen verändern. Und auch darum dürfen wir ihn bitten. Denn die Welt kann sich nur dann verändern, wenn sich auch die Herzen der Menschen verändern. So kann jeder zu einem Werkzeug Gottes werden.

Zum Beten gehört natürlich auch immer das Danken. Wer Gottes Hilfe erfährt, sollte das Danken und Loben nicht vergessen.

Um wirklich für alle Menschen auf dieser Welt beten zu können, muss man auch etwas über sie wissen. Dazu kann man Berichte aus den Medien sammeln und daraus Gebetsanliegen formulieren.

Heiliger Geist

Der Heilige Geist spielt eine große Rolle im christlichen Glauben. Er ist ein Teil unseres Gottes.

Und doch ist er so schwer zu greifen und zu begreifen. Wir bekommen ihn von Gott als ständigen Begleiter zur Seite gestellt, wenn wir uns für ein Leben mit ihm entscheiden.

Doch wie kann man ihn spüren, welche Auswirkungen hat er, welchen Auftrag erfüllt er?

Die folgenden Andachten möchten einen Einstieg geben in dieses unerschöpfliche Thema. Es ist so umfangreich und so schwer zu fassen, dass es tatsächlich nur [be]greifbar gemacht werden kann.

[61] Eine starke Stütze

Ermutigung, Vertrauen, Christsein

Der Heilige Geist will der Helfer eines jeden Christen sein.

Dann werde ich den Vater bitten, dass er an meiner Stelle jemanden zu euch senden soll, der euch helfen wird und euch nie verlässt. Johannes 14,16

ein Fotoapparat, in dem sich kein Film befindet

Verzweifelte Versuche, mit dem Fotoapparat einige Aufnahmen zu machen.

Ich wollte Fotos machen, aber irgendwie funktioniert es nicht. Ich weiß auch nicht, wieso. Sieht nicht so aus, als wenn etwas kaputt wäre. Eigentlich sieht der Fotoapparat doch ganz gut aus. Aber trotzdem macht er keine Fotos. Ein Fotoapparat, der zwar ganz gut aussieht, der aber keine Fotos macht, ist nicht zu gebrauchen. Woran könnte es denn wohl liegen, dass er keine Fotos macht? Vielleicht ist kein Film drin! Tatsächlich, es ist kein Film drin! Damit ein Fotoapparat auch seinen Zweck erfüllt, muss ein Film eingelegt werden. Ohne Film kann man mit einem Fotoapparat keine Fotos machen. Von außen sieht man es einem Fotoapparat nicht auf den ersten Blick an, dass der Film fehlt. Aber sobald man ihn benutzen will, merkt man, dass er nicht richtig funktioniert.

So, wie der Fotoapparat einen Film benötigt, um zu funktionieren, so benötigt ein Christ den Heiligen Geist, um als Christ leben und handeln zu können. *(Johannes 14,16 lesen)*

Jeder, der sich für ein Leben mit Jesus entscheidet, wird von Gott mit dem Heiligen Geist beschenkt. Denn Gott weiß, dass wir es ohne die Hilfe des Heiligen Geistes nicht schaffen, nach seinem Wort zu leben.

Der Heilige Geist ist der Geist Jesu. Deshalb hat er genau die gleichen Eigenschaften wie Jesus.
Der Heilige Geist vertritt Jesus.
Der Heilige Geist ist für immer in jedem Christen und wird ihn niemals verlassen.

Als Christen müssen wir aber auch bereit dazu sein, die Hilfe des Heiligen Geistes anzunehmen.

Und wir müssen bereit dazu sein, uns von dem Heiligen Geist führen zu lassen.

Wir müssen das Wirken des Heiligen Geistes zulassen, das heißt, wir müssen den Heiligen Geist auch um Rat fragen und seinen Rat dann auch annehmen. Denn was nutzt ein Film im Fotoapparat, wenn ich nie damit Fotos mache? Dann bräuchte ich den Film gar nicht erst einzulegen.

Wenn wir vom Heiligen Geist erfüllt sind, haben wir die nötige Kraft und Liebe im Herzen, um als Christ nach dem Willen Gottes handeln zu können.

Wie äußert sich das Wesen des Heiligen Geistes in mir? Wie spüre ich ihn?

[62] Fließend

Christsein, Gottes Wille, Liebe

Gottes Liebe wohnt durch den Heiligen Geist in jedem Christen.

Denn die Liebe Gottes ist ausgegossen in unsre Herzen durch den heiligen Geist, der uns gegeben ist. Römer 5,5b

eine Tüte Saft, eine Kanne und einige Becher

Den Saft aus der Tüte in die Kanne füllen.

Ich habe soeben den Saft aus der Tüte in die Kanne gegossen. Nun ist die Kanne voller Saft. Wenn ich den Saft aus der Kanne in mehrere Becher verteile, kann ich anderen davon abgeben.

Und so wie die Kanne mit Saft gefüllt ist, so ist das Herz eines jeden Christen mit der Liebe Gottes gefüllt. *(Römer 5,5 b lesen)*

Jeder, der daran glaubt, dass Jesus Christus für seine Sünden am Kreuz gestorben ist, und sich mit Gott versöhnt, wird ein Christ und wird dann von Gott mit dem Heiligen Geist beschenkt. Und der Heilige Geist beschenkt dann jeden Christen mit der Liebe Gottes.

Der Heilige Geist ist der Geist Jesu. Er hat die gleichen Eigenschaften wie Jesus.

Der Heilige Geist will jedem Christen dabei helfen, nach Gottes Wort zu leben.

Die Liebe Gottes, die jeder Christ in sich trägt, soll und muss auch nach außen hin getragen werden, denn Gott hat uns mit seiner Liebe beschenkt, damit wir sie an andere Menschen weitergeben. *(Saft in einen Becher schütten und die Becher verteilen)*

Christsein ist keine Privatsache, die nur mit uns persönlich zu tun hat.

Gott möchte, dass wir seine Boten sind und die anderen Menschen mit seiner Liebe anstecken und sie durch uns zum Glauben ermutigt werden.

Das ist vielleicht nicht immer so ganz einfach. Aber wir dürfen Gott um seine Hilfe bitten und darauf vertrauen, dass er uns beistehen wird.

So können wir anderen ganz offen von unserem Leben mit Gott erzählen. Gott wird dafür sorgen, dass diese Botschaft bei den anderen richtig ankommt.

Bin ich mir bewusst, dass Gottes Geist tatsächlich in mir lebt und somit Gottes Liebe?
Wenn ich mich für ein Leben mit Christus entschieden habe, habe ich auch seinen Geist in mir. Ich muss ihn mir nicht durch besonders frommen Lebenswandel verdienen. Gott geht es um die Liebe, nicht um meine Leistung.

[63] Auf dem richtigen Weg

Vertrauen, Orientierung, Christsein

Der Heilige Geist führt uns auf den rechten Weg.

Und kommt ihr vom richtigen Weg ab, so hört ihr hinter euch eine Stimme: Halt, dies ist der Weg, den ihr einschlagen sollt! Jesaja 30,21

ein Kompass

Ein Kompass kann sehr nützlich sein, wenn man sich verirrt hat. Der Kompass will eine Orientierungshilfe sein. Er zeigt an, welche Richtung wir einschlagen müssen.

Der Heilige Geist ist neben der Bibel der wichtigste Kompass eines jeden Christen.

Jeder Mensch, der sich für ein Leben mit Christus entscheidet und ein Christ wird, wird von Gott mit dem Heiligen Geist beschenkt.

Mit dem Heiligen Geist stellt uns Gott einen Helfer zur Seite, der immer bei uns ist und uns nie verlässt.

Gott hat uns seine Hilfe durch den Heiligen Geist fest zugesagt, und auf Gottes Wort ist Verlass. Ohne den Heiligen Geist würden wir es nämlich nicht schaffen, nach Gottes Willen zu leben.

Kommen wir einmal vom richtigen Weg ab, dann wird der Heilige Geist uns wieder auf den Weg führen, der Gott gefällt und seinem Willen entspricht. *(Jesaja 30,21 lesen)* Voraussetzung ist allerdings, dass wir auch auf die Stimme des Heiligen Geistes hören. Denn wer nicht dazu bereit ist, sich vom Heiligen Geist führen zu lassen, der wird auch seine Stimme überhören.

Als Christen sollen wir Gott darum bitten, dass er uns den Weg zeigt, den wir gehen sollen. Wir können uns voll und ganz auf Gott verlassen, weil er nur das Beste für uns will. Manchmal sind wir vielleicht unsicher oder wir haben Angst, uns vom Heiligen Geist führen zu lassen, weil wir nicht wissen, was uns erwartet, und weil wir vielleicht Angst vor Gottes Plänen für unser Leben haben. Doch diese Angst ist völlig unbegründet, denn niemand kennt uns und unser Leben besser als Gott, und folglich kann uns auch niemand besser helfen als Gott.

Wenn wir also seinen Kompass benutzen, dann dürfen wir sicher sein, dass wir uns nicht verlaufen und uns immer auf dem richtigen Weg befinden.

Wie hört sich die Stimme hinter mir an? Wie kann ich sie von anderen Stimmen unterscheiden, damit ich ihr folgen kann?

[64] Leichter verstehen

Vertrauen, Glaube, Christsein

Der Heilige Geist hilft uns dabei, die Bibel zu verstehen.

Doch eins dürft ihr dabei nicht vergessen: Kein Mensch kann jemals die prophetischen Worte der Heiligen Schrift aus eigenem Wissen deuten. Denn niemals haben sich die Propheten selbst ausgedacht, was sie verkündigten. Immer war es der heilige Geist, der sie beauftragte und dazu trieb, das auszusprechen, was Gott ihnen eingab. 2. Petrus 1,20-21

ein Kassettenrecorder, Batterien, eine Kassette

Die Batterien werden aus dem Recorder genommen und bereitgehalten.

Die Kassette wird eingelegt, der Recorder wird eingeschaltet.

Nanu, es ist ja gar nichts zu hören! Der Recorder scheint nicht zu funktionieren. Versuchen wir es mal mit diesen Batterien hier. (Batterien einlegen und Recorder erneut anstellen) *Nun funktioniert der Recorder wieder! Aber damit er funktioniert, benötigt er entweder Batterien oder Strom. Ohne Strom oder Batterien erfüllt der Recorder nicht seinen Zweck. Es wird einfach nichts zu hören sein. Da hat man also einen Recorder, der keinen Ton von sich gibt, und das nur, weil die Batterien oder das Kabel fehlen.*

So, wie der Strom oder die Batterien den Kassettenrecorder zum Laufen bringen, so ist der Heilige Geist die Antriebskraft eines jeden Christen. *(2. Petrus 1,20-21 lesen)*

Durch den Heiligen Geist ist Gott persönlich bei jedem Christen. Der Heilige Geist hilft uns auch dabei, das Wort Gottes zu verstehen und zu deuten.

Ohne den Heiligen Geist wäre es uns nicht möglich, Gottes Wort richtig zu verstehen. Das richtige Verständnis für Gottes Wort kann uns nur der Heilige Geist geben.

Selbst die Propheten konnten die Bibel nicht aus eigener Kraft heraus deuten. Auch sie brauchten dazu die Kraft des Heiligen Geistes.

Der Heilige Geist ist der Strom, der uns durchdringt und uns immer zur Seite stehen will, nicht nur beim Bibellesen. Nur leider vergessen wir das allzu oft. Wir sollten Gott vor dem Bibellesen darum bitten, dass er uns dabei hilft sein Wort richtig zu verstehen. Wir müssen bereit dazu sein, auf die Worte des Heiligen Geistes zu hören. Und wir dürfen uns nicht vor dem verschließen, was Gott uns zu sagen hat.

Christsein ist aber auch ein Wachstumsprozess. Das trifft somit auch für das Bibellesen zu. Heute verstehen wir Dinge, die wir vor einigen Monaten oder Jahren vielleicht noch gar nicht oder nur bruchstückhaft verstanden haben, weil wir als Christ gewachsen sind. Wir haben Erfahrungen mit Gott gemacht, die uns dazu verhelfen, die Bibel, und somit Gott, besser zu verstehen.

Das heißt auch, dass ich darauf vertrauen darf, dass Gott mir sein Wort zu einer Zeit erschließen wird, zu der es für mich richtig ist. Es ist also keine Schande, wenn mir ein Bibelwort einmal nichts zu sagen hat. Ein andermal werde ich womöglich ins Staunen geraten!

[65] Neu und unvergänglich

Hoffnung, Ermutigung, Entscheidung

Der Heilige Geist beschenkt jeden Christen mit dem ewigen Leben.

Ein Mensch kann immer nur menschliches, vergängliches Leben zeugen; aber der Geist Gottes gibt das neue, das ewige Leben. Johannes 3,6

ein Ultraschallbild

Auf einem Ultraschallbild ist das gerade erst entstandene Leben zu erkennen. Kurz nach der Zeugung kann der Arzt die Schwangerschaft schon per Ultraschall feststellen.

Das Leben, das wir auf dem Ultraschallbild erkennen können, ist menschliches Leben. Das menschliche Leben ist vergänglich. *(Johannes 3,6 lesen)* Irgendwann einmal wird jeder Mensch sterben und diese Erde verlassen. Unser Leben hier auf dieser Erde ist irgendwann einmal vorbei. Dagegen können wir nichts unternehmen, das ist so.

Dagegen, dass unser Leben hier auf dieser Erde irgendwann einmal vorbei sein wird, können wir zwar nichts unternehmen, doch wir allein haben es in der Hand, wie es nach unserem Tod weitergehen wird.

In dem Vers heißt es, dass der Geist Gottes das neue, das ewige Leben gibt.

Aber was genau heißt das? Wenn wir daran glauben, dass Jesus Christus für unsere Schuld und Sünde am Kreuz von Golgatha gestorben ist, und wenn wir ihm unsere Schuld bekennen und sie bereuen, dann wird Jesus sie uns vergeben. Und dann sind wir neue Menschen, Christen. Und dann werden wir mit dem Heiligen Geist beschenkt. Der Heilige Geist lebt in jedem Christen. Er ist der Geist Gottes. Durch den Heiligen Geist ist Gott persönlich in jedem Christen.

Sobald wir Christen werden, beschenkt der Heilige Geist uns mit dem ewigen Leben. Das ewige Leben kann nur Gott allein geben. Es ist denen versprochen, die mit ihm leben wollen. Es beginnt nicht erst in der Ewigkeit, sondern schon jetzt. Es beginnt, sobald wir uns für ein Leben unter Gottes Führung entscheiden.

Aber was genau heißt eigentlich ewiges Leben? Nach dem Tod wird jeder Christ bei Gott im Himmel weiterleben, für immer. Denn das ewige Leben hört niemals auf. Es ist nicht vergänglich, so wie menschliches Leben. Für uns Menschen ist das nur sehr schwer vorstellbar, denn alles, was wir jemals kennen gelernt haben, ist vergänglich.

Bei Gott im Himmel wird es unvorstellbar schön sein! Dort wird es weder Krieg noch Hunger noch Krankheit noch Leid geben. Auch das können wir Menschen uns nur sehr schwer vorstellen. Doch als Christen haben wir diese Zusage Gottes, und wir dürfen uns schon jetzt auf das ewige Leben bei Gott freuen.

Fällt es anderen und mir auf, wenn der Geist Gottes in mir lebt und neues Leben geschaffen hat? Wie kann das nach außen hin sichtbar werden?

Vergebung

Oft erscheint es uns so selbstverständlich, dass wir beten, Gottesdienst feiern und einfach fröhliche Christen sind.
Die Tatsache, dass das alles möglich ist, ruht auf einem bestimmten Aspekt - der Versöhnung mit Gott.
Ohne Gottes Friedensangebot im Tod seines Sohnes Jesus Christus wäre es uns nicht im mindesten möglich, mit Gott Kontakt zu haben, geschweige denn eine lebendige Beziehung zu ihm zu haben.
Ein Vertrag besteht immer aus zwei Teilen, Angebot und Annahme. Gottes Angebot steht seit über zweitausend Jahren. Er hat den ersten Schritt getan. Und nun ist es an uns, das noch immer gültige Angebot mit dankbarem Herzen anzunehmen.

[66] Hilfe annehmen

Gute Nachricht, Entscheidung, Glaube

Nur Gott kann uns von unseren Sünden befreien und uns reinigen.

Ich befreie euch von eurer Schuld, die euch unrein machte.
Hesekiel 36,29 a

Feuchttücher, eine Windel, einen Waschlappen und Babyöl

Ein kleines Baby ist ganz und gar auf die Hilfe seiner Eltern angewiesen. Es kann sich nicht selbst eine Windel umtun. Es kann sich auch nicht selbst den Po sauber machen oder eincremen. Es ist allein auf fremde Hilfe angewiesen. Würde man das Baby längere Zeit nicht wickeln, so hätte dies sogar schlimme Folgen: Das Baby würde wund. Selbst die beste Windel würde versagen und der Geruch wäre auch unerträglich. Aber weil das Baby sich nach kurzer Zeit unwohl fühlt, wenn es eine volle Windel hat, meldet es sich schon von ganz allein, und kurze Zeit später wird es dann auch meistens gewickelt. Schließlich wollen die Eltern nur das Beste für ihr Kind. Sie wollen, dass es ihrem Kind gut geht und dass es sich wohl fühlt.

Gott möchte auch, dass es uns gut geht und dass wir uns wohl fühlen. Gott möchte uns reinigen. Denn für Gott ist es unerträglich, wenn wir in Trennung von ihm leben.

Aber wie kommt es denn überhaupt zu dieser Trennung? Zu dieser Trennung kommt es durch unsere Schuld. Schuld, die jeder hat.

Gott sind wir nicht egal! Und deshalb hat er auch seinen Sohn für uns in den Tod geschickt! Jesus Christus, Gottes Sohn, starb am Kreuz stellvertretend für unsere Sünden. Er wurde für unsere Sünden bestraft.

Gott, der seinen Sohn für uns in diesen grausamen Tod geschickt hat, muss uns doch wirklich sehr lieben.

Gott hat den ersten Schritt zur Versöhnung getan. Jetzt kommt es auf uns an! Den nächsten Schritt müssen wir tun.

Der nächste Schritt sieht so aus, dass wir Gott zunächst einmal um Hilfe bitten. Und das setzt voraus, dass wir erkannt haben, dass wir auf Gottes Hilfe angewiesen sind.

Wir müssen unsere Sünden erkennen und wir müssen sie Gott bekennen. Das ist der Schritt, den wir tun müssen - unser Hilferuf zu Gott.

Gott wird diesen Hilferuf hören, und er wird uns auch vergeben, wenn es uns wirklich ernst ist und wir die Hilfe von ganzem Herzen annehmen.

Wir können uns nicht selbst von unseren Sünden befreien. Wir sind hilflos wie ein kleines Baby und darauf angewiesen, dass Gott uns reinigt und von unseren Sünden befreit.

Und genauso, wie ein kleines Baby immer wieder gewickelt und sauber gemacht werden muss, genauso müssen auch wir uns immer wieder von Gott reinigen lassen und ihn um Vergebung bitten.

Ein Baby, das immer wieder sauber gemacht wird, kennt den Unterschied, wie es sich mit einer vollen und wie es sich mit einer sauberen Windel lebt, ganz genau. Wenn man das Baby fragen würde, was schöner ist, würde es bestimmt die saubere Windel bevorzugen.

Und so ist das auch mit den Menschen, die sich für ein Leben mit Gott entschieden haben.

Fühle ich mich wirklich unwohl, wenn ich in Trennung von Gott lebe? Ist das nicht eigentlich auch ganz bequem, wenn man für sich selbst sprechen kann und nicht immer Rechenschaft ablegen muss? Aber was habe ich letztendlich von dieser Unabhängigkeit?

[67] Ich war es nicht

Bekenntnis, Frieden, Umkehr

Damit Gott uns vergeben kann, müssen wir unsere Schuld bekennen und bereuen.

„Wer hat dir gesagt, dass du nackt bist?“ fragte Gott. „Hast du etwa von den verbotenen Früchten gegessen?“ „Ja“, gestand Adam, „aber die Frau, die du mir gegeben hast, reichte mir eine Frucht - deswegen habe ich davon gegessen!“ „Warum hast du das getan?“, wandte der Herr sich an die Frau. „Die Schlange hat mich dazu verführt!“, verteidigte sie sich. 1. Mose 3,11-13

ein Apfel

Dieser Apfel soll uns an die Geschichte im Paradies erinnern. Er soll uns damit aber auch an die Geschichte vom Sündenfall erinnern.

Mit dem Sündenfall kam die Sünde in unser Leben. Damit begann alles. Die Menschen beachteten Gottes Gebote nicht, und das hatte Folgen. Von da an gab es den Tod als Lohn für die Sünde.

Wer also eine Sünde begeht, der hat sie auch selbst vor Gott zu verantworten.

Wer ein Unrecht begeht, der muss auch die Konsequenzen tragen und sollte nicht versuchen, es zu vertuschen.

Und wer ein Unrecht begeht, sollte auch nicht versuchen, die Schuld dafür bei anderen zu suchen. Für unser Handeln sind allein wir selbst verantwortlich. Diese Verantwortung hat uns Gott bewusst gegeben.

Doch wie war das in der Geschichte vom Sündenfall? Da versuchte jeder, dem anderen die Schuld in die Schuhe zu schieben. *(1. Mose 3,11-13 le-*

sen) Niemand wollte es gewesen sein. Niemand wollte die Verantwortung tragen. Und niemand hatte den Mut, seine Schuld einzugestehen. Jeder suchte die Schuld zuerst beim anderen und nicht bei sich selbst.

Wie ist das bei uns selbst? Wenn wir ehrlich sind, dann fällt es auch uns oft schwer, unsere Fehler einzugestehen. Doch das ist die Voraussetzung dafür, dass wir Gott überhaupt um Vergebung bitten können. Nur dann, wenn wir uns unserer Sünden bewusst sind, werden wir Gott um Verzeihung bitten. Und nur dann kann er uns unsere Sünden auch vergeben. Und Gott kann uns nur deshalb vergeben, weil Jesus für unsere Sünden am Kreuz gestorben ist.

Natürlich gibt es viel Böses auf unserer Welt, und die Verlockungen sind oft groß. So wie auch die Verlockung durch die Schlange sehr groß war. Manchmal fällt es uns schwer, dem Bösen zu widerstehen, und manchmal schaffen wir es nicht und versagen. Dann hat das Böse in unserem Leben gesiegt. Doch Jesus hat das Böse überwunden.
Durch Jesus hat Gott die Möglichkeit der Vergebung geschaffen. Wir müssen nicht verzweifeln und wir müssen nicht an unseren Sünden zerbrechen. Wenn wir Jesus aufrichtig um Vergebung bitten, dann wird er uns unsere Sünden verzeihen. Und dann haben wir Frieden mit Gott. Die Einsicht der Sünde und das Bitten um Vergebung ist die einzige Möglichkeit, aus dem Netz der Sünde zu entkommen.

Warum fällt es uns/mir eigentlich so schwer, einen Fehler zuzugeben? Welche Ängste stecken dahinter? Kann Gott mir diese Ängste nehmen und es mir damit leichter machen, vor ihm ehrlich zu sein?

[68] Auf in den Kampf ...

Gehorsam, Erkenntnis, Entscheidung

Die Sünde behindert uns im Kampf des Glaubens.

Wie Zuschauer im Stadion die Wettkämpfer anfeuern, so sind diese Zeugen des Glaubens Vorbilder für unseren Kampf. Darum wollen wir alles ablegen, was uns in diesem Kampf behindert, vor allem die Sünde, die uns immer wieder fesseln will. Mit zäher Ausdauer wollen wir auch noch das letzte Stück bis zum Ziel durchhalten.
Hebräer 12,1

zwei Paar Handschellen

Zwei Personen werden gebeten nach vorne zu kommen. Jeder von ihnen bekommt Handschellen um.

Die beiden sollen nun versuchen mit den Handschellen gegeneinander zu kämpfen. Doch sie werden recht schnell merken, dass sie mit den Handschellen nur sehr schlecht gegeneinander kämpfen können. Sie behindern sie beim Kampf.

Die Bibel spricht auch von einem Kampf und davon, dass wir alles ablegen sollen, was uns im Kampf behindert. *(Hebräer 12,1 lesen)*

Es ist unser persönlicher Kampf für unseren Glaube. Jeden Tag müssen wir uns bewusst für Gott entscheiden und andren Menschen gegenüber unseren Glauben vertreten. Viele Versuchungen locken uns im Alltag.

Jeder weiß selbst am besten, was ihn daran hindert, Gott nachzufolgen und den Kampf des Glaubens zu kämpfen. Das können die unterschiedlichsten Dinge sein. Bei dem einen kann das vielleicht das Hobby sein, bei dem anderen ist es vielleicht der Beruf, und bei dem Nächsten sind es vielleicht die Freunde. Wenn diese Dinge uns wichtiger sind als Gott, dann behindern sie uns im Kampf des Glaubens.

Alles, was uns behindert Gott nachzufolgen, sollten wir lassen. Natürlich dürfen wir Hobbys haben, aber diese Hobbys dürfen für uns nicht wichtiger sein als Gott. Wenn wir z. B. jeden Sonntagmorgen lieber Tennis spielen gehen als in den Gottesdienst, dann ist das nicht richtig. Oder wenn unser Beruf uns so ausfüllt, dass wir keine Zeit mehr zum Bibellesen und Beten haben, dann ist das nicht richtig. Gott will den ersten Platz in unserem Leben einnehmen. Er will die Hauptrolle in unserem Leben spielen. Gleichzeitig darf der Glaube natürlich auch kein Zwang sein. Gott ist uns nicht böse, wenn wir mal nicht in den Gottesdienst gehen. Das darf nur nicht die Regel werden!

Aber auch die Sünde behindert uns im Kampf des Glaubens. Sünde belastet uns, sie fesselt uns, und sie trennt uns von Gott, denn Gott ist heilig. Beim ihm kann keine Sünde sein. Die Sünde fesselt uns und engt uns ein. Die Sünde ist nur ein unnötiger Ballast, den wir nicht mit uns herumschleppen müssen, denn wir können die Sünde an Gott abgeben. Erst dann sind wir ein neuer, ein freier Mensch. Erst dann können wir richtig kämpfen, denn erst dann sind wir befreit. Denn wer das alte sündige Leben nicht loslassen kann, der ist auch nicht frei für ein Leben mit Gott.

Im dem Vers ist aber auch von zäher Ausdauer die Rede. Als Christ brauchen wir z.B. Ausdauer beim Gebet und beim Bibellesen, denn um den Kampf des Glaubens richtig kämpfen zu können, ist es wichtig, dass wir in ständiger Gemeinschaft mit Gott leben. Nur so sind wir für den Kampf richtig gestärkt und vorbereitet.

Jeder Wettkämpfer verfolgt ein Ziel. Dieses Ziel spornt an. Auch wir sollten uns im Kampf des Glaubens immer das Ziel vor Augen halten, und dieses Ziel ist das ewige Leben bei Gott im Himmel. Damit beschenkt uns Gott schon jetzt, wenn wir uns dafür entscheiden, mit ihm zu leben.

Für Wettläufer ist es wichtig, dass sie angefeuert werden. Warum tun wir das so wenig und machen uns gegenseitig nicht genug Mut, auf dem Weg mit Jesus durchzuhalten und ausdauernd weiterzumachen? Wir sollten wissen, wo andere gerade laufen und wie sie sich dabei fühlen. Nur so können wir ihnen wirklich Ansporn geben.

[69] SOS

Erlösung, gute Nachricht, Entscheidung

Jesus will unser Lebensretter sein und uns von unseren Sünden befreien.

Kommt zu mir und lasst euch retten, ihr Menschen aus den fernsten Ländern der Erde! Denn ich bin der einzige Gott. Jesaja 45,22

ein Rettungsring

So ein Rettungsring kann ein Menschenleben vor dem Ertrinken retten. Jemandem, der sich in Seenot befindet, wird ein solcher Ring zugeworfen. Das ist die Rettung! Ohne ihn würde dieser Mensch ertrinken.

Jesus möchte auch unser Leben retten. Aber auf eine ganz andere Art und Weise. Seine Rettung hat nämlich noch viel größere Auswirkungen auf unser Leben.

In Jesaja 45,22 steht folgender Vers. *(Bibelstelle lesen)*

Um unser Leben retten zu können, muss Jesus uns zunächst einmal von unseren Sünden befreien. Doch das setzt voraus, dass wir unsere Sünden erkennen und Jesus aufrichtig um Vergebung bitten. Nur dann kann er uns unsere Sünden wirklich vergeben.

Wir dürfen sicher sein, dass Jesus unseren Rettungsruf hört und uns von all unseren Sünden befreit, egal wie groß oder wie klein sie auch sind. Keine Sünde ist für Jesus zu groß oder zu klein. Wichtig ist nur, dass wir es wirklich ehrlich meinen.

Und dann, wenn Jesus uns vergeben hat, sind wir ein neuer Mensch, ein Christ. Und es beginnt ein neues Leben. Ein Leben an der Seite Jesu. Ein Leben, das ewig Bestand hat, das ewige Leben. Als Christen werden wir nach unserem Tod bei Gott weiterleben. Jesus hat unser Leben auf ewig gerettet. Als Christen brauchen wir also keine Angst mehr vor dem Tod zu haben, weil wir uns danach auf ein Leben bei Gott freuen dürfen.

Jesus ist der einzige Weg, der zu Gott führt. Einen anderen Weg gibt es nicht. Und es gibt auch keinen anderen Gott. Jesus ist der einzige Rettungsring Gottes. Nur er kann unser Leben wirklich retten.

Gott ruft die Menschen in der ganzen Welt. Aus welchem Grund muss Gott eigentlich so laut rufen? Warum kommen die Menschen nicht von allein?

[70] Waschtag

Erlösung, Erkenntnis, gute Nachricht

Gott befreit jeden von seiner Schuld, der dazu bereit ist.

Meine schwere Schuld - wasche sie ab, und reinige mich von meiner Sünde! Psalm 51,4

ein feuchter Waschlappen, ein Stück Seife

Der Waschlappen und die Seife erinnern sicherlich so manchen von uns an das Geschehen heute Morgen im Bad. Zweimal täglich benutzt eigentlich jeder einen Waschlappen und ein Stück Seife oder irgendeine Waschlotion, um sich zu waschen. Das macht man eben so, es gehört einfach dazu. Schließlich will man ja sauber und gepflegt in den Tag bzw. zu Bett gehen. Niemand möchte stinken oder einen ungepflegten Eindruck machen. Was sollen die anderen sonst von einem denken?

Aber es gibt noch etwas anderes, was wir täglich abwaschen lassen sollten. Ich sage bewusst abwaschen lassen, denn selbst abwaschen ist in dem Fall gar nicht möglich.

Aber wer soll denn hier was abwaschen und wieso eigentlich? Es geht um unsere Sünden, die zwischen uns und Gott stehen. Durch unsere Sünden sind wir von Gott getrennt. Und nur Gott kann diese Trennung durchbrechen und uns von unseren Sünden reinigen.

Aber wichtig ist, dass wir auch dazu bereit sind, uns von Gott reinigen zu lassen. Und dazu müssen wir zunächst einmal erkennen, dass wir Sünder sind und Gottes Vergebung brauchen. So, wie der Psalmbeter in Psalm 51, 4. *(Vers lesen)*

Gott möchte unser Herz reinigen und unsere Sünden abwaschen.
Aber wieso kann Gott das eigentlich?

Gott wäscht unsere Sünden nicht mit Wasser und Seife ab, sondern mit dem Blut Jesu, der stellvertretend für unsere Sünden am Kreuz gestorben ist.

Und genauso, wie wir uns täglich morgens und abends freiwillig im Bad waschen, genauso sollten wir uns auch täglich von Gott waschen lassen und ihn täglich um Vergebung bitten.

Gott weiß doch alles, was ich tue. Und er weiß auch, dass mir meine Fehler meist Leid tun. Warum muss ich ihn denn dann noch täglich um Vergebung bitten? War Jesu Tod am Kreuz denn kein Pauschalangebot?

[71] Eine weiße Weste

Frieden, Umkehr, Bekenntnis

Gott radiert alle unsere Sünden weg.

Leben wir aber im Licht Gottes, dann sind wir auch miteinander verbunden. Und das Blut, das sein Sohn Jesus Christus für uns vergossen hat, befreit uns von aller Schuld. 1. Johannes 1,7

Zwei weiße Blätter Papier: Das eine Blatt trägt die Überschrift „Gottes Sündenregister“. Das andere Blatt trägt die Überschrift „Unser Sündenregister, nachdem Gott uns vergeben hat“.

Beide Blätter tragen eine bestimmte Überschrift. Das eine Blatt trägt die Überschrift „Gottes Sündenregister“, das andere Blatt trägt die Überschrift „Unser Sündenregister, nachdem Gott uns vergeben hat“.

Was genau hat das zu bedeuten? Gott ist heilig. Deshalb ist er ohne jede Sünde. Er hat also kein Sündenregister vorzuweisen.

Aber es gibt keinen Menschen, der ohne Sünde ist, denn niemand ist vollkommen. Sonst wären wir ja wie Gott.

Mit dem Sündenfall im Paradies kam die Sünde in das Leben von uns Menschen und trennt uns nun von Gott. Und dabei spielt es auch keine Rolle, wie groß oder wie klein unsere Sünden sind. Jede Sünde trennt uns Menschen von Gott und steht wie eine Mauer zwischen uns und Gott.

Unser Sündenregister sieht also normalerweise ganz anders aus als dieses weiße Blatt hier. Niemand von uns hat eine reine Weste und ein weißes Blatt vorzuweisen. Bei dem einen wird das Sündenregister vielleicht länger ausfallen als bei dem anderen, aber ohne Jesu Hilfe wird niemand ein weißes Blatt vorweisen können.

Damit unser Sündenregister so aussieht wie dieses weiße Blatt hier, brauchen wir also Jesu Hilfe. Gott möchte nämlich nicht, dass wir durch unsere Sünden von ihm getrennt sind. Gott will Gemeinschaft mit uns, weil er uns liebt und weil wir wichtig für ihn sind.

Gott will uns von unseren Sünden befreien. Deshalb hat er Jesus zu uns auf diese Welt geschickt. Jesus Christus, der als Gottes Sohn ohne jede Sünde war, ist stellvertretend für uns mit dem Tod am Kreuz bestraft worden. Das Blut, das er für uns vergossen hat, befreit uns von aller Schuld. *(1. Johannes 1,7 lesen)*

Voraussetzung ist aber, dass wir daran glauben, dass er für unsere Schuld gestorben ist und dass wir unsere Sünden bereuen und Jesus bekennen. Und dann wird er uns verzeihen und unser Sündenregister wird dann genauso weiß sein wie dieses Blatt hier. Und dann werden wir ein neuer Mensch, ein Christ, und leben in Gemeinschaft mit Gott. Wir werden mit dem ewigen Leben beschenkt und nach dem Tod für immer bei Gott weiterleben.

Welche Konsequenzen hat die Vergebung für den Umgang miteinander?

[72] Nicht ich, sondern er

Frieden, Bekenntnis, Rettung

Jesus nahm stellvertretend für uns unsere Sünden auf sich

Dabei war es unsere Krankheit, die er auf sich nahm; er erlitt die Schmerzen, die wir hätten ertragen müssen. Wir aber dachten, diese Leiden seien Gottes gerechte Strafe für ihn. Wir glaubten, dass Gott ihn schlug und leiden ließ, weil er es verdient hatte. Doch er wurde blutig geschlagen, weil wir Gott die Treue gebrochen hatten; wegen unserer Sünden wurde er durchbroht. Er wurde für uns bestraft - und wir? Wir haben nun Frieden mit Gott! Durch seine Wunden sind wir geheilt. Jesaja 53,4-5

ein Glas

Eine Person lässt ein Glas fallen. Nun wird eine in der Nähe dieser Person stehende weitere Person dafür verantwortlich gemacht und beschimpft.

„Wie konnte das passieren? Das teure Glas! Du musst auf jeden Fall den Schaden ersetzen! In der Putzkammer findest du einen Eimer und einen Besen. Sieh zu, dass du die Scherben so schnell wie möglich wegfegst! Und zur Strafe für deine Schusseligkeit musst du gleich auch noch den ganzen Flur und diesen Raum hier wischen.“

Jetzt wird doch tatsächlich jemand ganz anderes für den Schaden verantwortlich gemacht. Jemand, der eigentlich gar nichts mit der ganzen Sache zu hat. Derjenige wurde zu Unrecht ausgeschimpft. Dann soll er auch noch den Schaden beseitigen und bekommt am Ende noch eine ordentliche Strafe aufgebrummt. Für das zerbrochene Glas ist jemand ganz anderes verantwortlich. Derjenige hätte den Schaden beheben müssen. Derjenige hätte auch die Strafe bekommen müssen. Stattdessen wird jemand bestraft, der mit der ganzen Sache gar nichts zu hat.

Genauso ist das auch mit Jesus. Auch er wurde stellvertretend für unsere Schuld bestraft. Auch er hatte gar nicht Schlimmes getan. Denn Jesus war als Sohn Gottes ohne jede Sünde.

Doch trotzdem wurde er ans Kreuz genagelt. So starben sonst nur Schwerverbrecher! Er musste leiden, weil er stellvertretend für uns blutig geschlagen und durchbohrt wurde. Die Strafe, die Jesus erleiden musste, war unsere Strafe. *(Jesaja 53,4-5 lesen)*

Aber durch seine Wunden sind wir geheilt! Jesus hat das alles für uns getan. Jesu Tod am Kreuz gehörte zu Gottes Plan für unser Leben. Diesen Plan hatte Gott sich schon beim Sündenfall im Paradies zu unserer Rettung ausgedacht. Schon im Alten Testament kündigt er immer wieder Jesus an.

Und weil Jesus für uns starb, dürfen wir leben. Unsere Sünden sind mit ihm am Kreuz gestorben, wenn wir daran glauben, dass er für uns gestorben ist. Unsere Sünden sind mit ihm am Kreuz gestorben, wenn wir sie bereuen und sie Jesus bekennen. Dann werden auch wir wieder auferstehen, und zwar zum ewigen Leben bei Gott im Himmel.

Weil Gott mit uns Frieden schließen will, hat er Jesus für uns in den Tod geschickt. Jesus war der einzige Weg, um Frieden mit Gott zu schließen. Doch Frieden mit Gott können wir nur dann schließen, wenn wir bereit dazu sind, unsere Sünden an Jesus abzugeben und mit ihm zu leben.

Warum war es überhaupt notwendig, dass Jesus das alles erlitten hat? Hätte Gott nicht einfach auf Strafe verzichten können?

[73] Der Fleck muss weg

Bekenntnis, Umkehr, Vergebung

Wer seine Sünden bereut und bekennt, der wird auch Vergebung erfahren.

Wenn wir aber unsere Sünden bereuen und sie bekennen, dann dürfen wir darauf vertrauen, dass Gott seine Zusage treu und gerecht erfüllt: Er wird unsere Sünden vergeben und uns von allem Bösen reinigen. 1. Johannes 1,9

ein Fleckenmittel gegen Kugelschreiber, ein altes Hemd, ein Kugelschreiber

Das Hemd wird mit einem Kugelschreiberstrich versehen.

Heute ist mir etwas ganz Dummes passiert: Ich hab' mir doch tatsächlich auf das Hemd gemalt! Und noch dazu mit einem Kuli! Zuerst hab' ich mich ganz schön geärgert. Aber es gibt ja spezielles Fleckenmittel gegen Kugelschreiber. Das hab' ich mir natürlich sofort besorgt. Denn wer läuft schon gerne mit einem Kulifleck herum, und noch dazu auf seinem Lieblingshemd? Aber mit diesem Fleckenmittel müsste der Fleck ja rauszukriegen sein. Ich weiß aber noch gar nicht, wie das geht. Aber auf der Flasche ist ja alles genau beschrieben. Das werde ich mir wohl erst mal durchlesen müssen. Da steht ja richtig viel drauf. Aber wenn ich mich genau an die Gebrauchsanweisung halte, dann müsste der Fleck rausgehen.

Genauso ist das bei Gott auch: Gott will uns reinigen, aber von innen. Denn er will unsere Seele reinigen. Aber das kann er nur dann, wenn wir uns an seine Anweisung halten. *(1. Johannes 1,9 lesen)*

Gott kann uns also nur dann von unseren Sünden reinigen, wenn wir unsere Sünden auch wirklich bereuen. Einfach nur zu sagen: „Bitte, bitte, lieber Gott, vergib mir doch meine Sünden!“, das reicht nicht aus. Wichtig ist, dass uns unsere Sünden auch Leid tun. Wir müssen unser böses Handeln bereuen. Und dazu gehört auch, dass wir uns dann bemühen, dieses Handeln einzustellen und nicht ständig mit dem Gedanken „Ach, das wird mir Gott schon verzeihen!“ weitermachen wie bisher.

Und dann müssen wir unsere Schuld vor Gott bringen, wir bekennen Gott unsere Schuld, wir sagen Gott, was wir alles falsch gemacht haben. Dann erst kann er uns auch verzeihen.

Wir dürfen sicher sein, dass er uns dann, wenn wir unsere Sünden bereuen und bekennen, auch verzeihen wird! Denn das hat Gott zugesagt. Das können wir immer wieder in seinem Wort, der Bibel, nachlesen. Und darauf können wir uns hundertprozentig verlassen, denn Gott steht zu seinem Wort. Gott ist treu und gerecht, und auf ihn ist Verlass, so, wie ich mich darauf verlassen kann, dass dieses Fleckenmittel meinen Kulifleck entfernen wird, wenn ich mich an die Gebrauchsanweisung halte.

Was bedeutet es genau, dass Gott treu und gerecht ist? Welche Möglichkeiten hat er, mit meiner Schuld umzugehen, und welche wählt er? Aus welchem Grund?

[74] Jeden Tag eine gute Tat

Christsein, Leben, Vertrauen

Allein durch gute Werke kommt niemand in den Himmel.

Also steht fest: Nicht wegen meiner guten Taten, die ich Gott vorweise, werde ich von meiner Schuld freigesprochen. Gott spricht mich erst dann frei, wenn ich mein Vertrauen allein auf Jesus Christus setze. Römer 3,28

eine Liste mit guten Werken

Das ist eine Liste, auf der alle meine guten Werke der letzten drei Wochen draufstehen. Jetzt bin ich mir sicher, dass ich in den Himmel komme. Wer so viele gute Werke in so kurzer Zeit tut, der muss einfach in den Himmel kommen! Ich bin richtig stolz auf mich! Aber das Ganze hat mich auch ziemlich viele Mühen und Anstrengungen gekostet. Doch ich bin viel besser als manch anderer, das steht fest. Soll ich mal vorlesen, was ich alles Gutes getan habe? Also: Einer alten Frau die Tasche getragen, Thomas 2 Euro geliehen, Mutter zweimal beim Abtrocknen geholfen, dreimal in der Kirche gewesen, Vater beim Autowaschen geholfen, Peter bei den Mathehausaufgaben geholfen, Lisa drei Brausebonbons geschenkt, 26 Minuten lang den Rasen gemäht, 17 Minuten lang Unkraut gezupft, Oma im Krankenhaus besucht, 4 Euro vom Taschengeld für hungrige Kinder gespendet ... Da kommt so schnell keiner mit, was? Der Platz im Himmel ist mir jedenfalls sicher, das ist ja wohl klar!

Nichts ist klar! Denn mit guten Werken allein können wir uns keinen Platz im Himmel erkaufen. *(Römer 3,28 lesen)*

Vor Gott ist es wichtig, dass wir unser Vertrauen allein auf Jesus Christus setzen.

Es ist wichtig, dass wir darauf vertrauen, dass er für unsere Sünden am Kreuz von Golgatha gestorben ist.

Es ist wichtig, dass wir ihm unser Leben anvertrauen und bereit sind, nach seinem Willen zu leben.

Es ist wichtig, dass wir ihn mit in unsere Planungen einbeziehen, in die großen Planungen unseres Lebens genauso wie in die kleinen.

Es ist wichtig, dass wir seinem Wort vertrauen und daran glauben, dass er der einzige Retter ist und niemand sonst.

Es ist wichtig, dass wir in ständiger Gemeinschaft mit unserem Herrn leben.

Es ist wichtig, dass wir ihn von ganzem Herzen lieben!

Die guten Werke sind dann eine Folge davon, dass wir uns an Gottes Gebote halten und uns bemühen nach seinem Willen zu leben.
Christsein ist nämlich eine völlig freiwillige Sache, die aus dem Herzen heraus kommen muss! Und vor Gott zählt einzig und allein, ob wir uns für Jesus entschieden und ihn in unser Leben aufgenommen haben. Ohne den Glauben an Jesus sind meine guten Werke völlig wertlos.

Was kann alles aus einem tiefen Vertrauen auf Jesus Christus erwachsen? Welche Veränderungen in meinem Glauben und Handeln kann es bewirken? Zähle ich auf meine Leistung oder meinen festen Glauben?

[75] Ich doch nicht!

Ehrlichkeit, Umkehr, Frieden

Wer seine Sünden leugnet, betrügt sich selbst.

Freilich werden immer wieder Leute behaupten, sie hätten das nicht nötig, sie seien frei von aller Schuld. Wer so etwas sagt, betrügt sich selbst. In ihm ist kein Fünkchen Wahrheit. 1. Johannes 1,8

Szene aus einer Richtersendung am Nachmittag, in der der Angeklagte seine Schuld bestreitet, auf Video

Videorecorder und Fernsehgerät aufbauen

Videoszene abspielen

Der Richter im Gerichtssaal fragt den Angeklagten: „Angeklagter, haben Sie die Tat begangen?" Der Angeklagte weiß genau, dass er schuldig ist, er weiß genau, dass er die Tat begangen hat. Und er weiß genau, dass er die Strafe verdient hätte. Aber um seinen Kopf zu retten, leugnet er die Tat. Er streitet alles ab! Und manchmal klappt es sogar, der Angeklagte kann mit seiner Lüge seinen Kopf retten und wird nicht verurteilt! Glück gehabt!

Aber bei Gott klappt das garantiert nicht! Ihn können wir nicht betrügen. Denn Gott kennt uns durch und durch. Gott weiß alles über uns. Ihm können wir nichts vormachen. Gott kennt nicht nur unser ganzes Leben, er kennt auch all unsere Gedanken - die guten und die bösen Gedanken.

Deshalb ist es dumm, Gott zu betrügen, denn damit schaden und betrügen wir uns nur selbst. *(1. Johannes 1,8 lesen)* Wir betrügen Gott, indem wir unsere Sünden leugnen und indem wir nicht zugeben, dass wir Sünder sind. Und wir betrügen uns selbst, indem wir seine Vergebung nicht annehmen.

Der Angeklagte im Gericht kann damit, dass er die Tat leugnet, vielleicht seinen Kopf retten und wird freigesprochen. Das Urteil lautet dann: nicht schuldig. Aber Gott spricht keinen frei, der schuldig ist und seine Sünden nicht bekennt und bereut.

Seit dem Sündenfall im Paradies ist die Sünde auf diese Welt gekommen. Seitdem sündigen die Menschen und sind auf Gottes Vergebung angewiesen. Gott ist bereit uns zu vergeben. Aber er kann uns nur dann vergeben, wenn wir ihn darum bitten. Und wenn wir unsere bösen Taten zugeben und vor Gott bekennen, dann wird er uns freisprechen. Und das Urteil lautet dann: nicht schuldig. Die Strafe für unsere Sünden hat nämlich Jesus schon längst erhalten, indem er für uns am Kreuz gestorben ist. Ist das nicht großartig? Wir werden für unsere Sünden nicht einmal bestraft, wenn wir das glauben und wenn wir Jesus unsere Sünden bekennen. Der Angeklagte im Gericht wird aber nur dann freigesprochen, wenn er lügt. Wir aber werden nur dann von Gott freigesprochen, wenn wir die Wahrheit sagen und ihm unsere Sünden bekennen.

Wie sieht denn die Wahrheit aus? Was ist der Maßstab, wonach wir sündig sind oder nicht?

Ewiges Leben

Unser Leben verläuft in zwei Ebenen: der endlichen und der unendlichen. Als Christen streben wir auf eine Ewigkeit bei Gott hin.
Gott hat uns zugesagt, dass wir einmal bei ihm sein werden, wenn wir uns für ein Leben mit ihm hier auf der Erde entscheiden.
Diese versprochene Ewigkeit bei Gott wirft ihr Licht voraus und strahlt uns an. Sie verleiht unserem Leben einen besonderen Glanz und lässt es in einem anderen Licht erstrahlen.
Diese Zukunftsmusik gibt den Takt für unser irdisches Leben an. Es soll ein Freudentanz sein!

[76] Von ganzem Herzen geliebt

Erlösung, gute Nachricht, Ewigkeit

Weil Gott möchte, dass wir nach dem Tod bei ihm sind, hat er aus Liebe zu uns seinen Sohn in den Tod geschickt.

Denn Gott hat die Menschen so sehr geliebt, dass er seinen einzigen Sohn für sie hergab. Jeder, der an ihn glaubt, wird nicht verloren gehen, sondern das ewige Leben haben. Johannes 3,16

verschiedene Herzen, z. B. aus Porzellan, Stoff, Pappe, Silber oder Gold und ein Kreuz (z. B. aus Holz, Silber oder Gold)

Die verschiedenen Herzen sichtbar auf den Tisch stellen.

Woran denkst du, wenn du diese Herzen siehst? Die meisten denken bestimmt an Liebe. Vielleicht denkst du auch an denjenigen, den du liebst, der dir wichtig ist. Vielleicht denken einige auch an ihre erste große Liebe. Viele tragen ein Herz aus Silber oder Gold um den Hals. So ein Herz kauft man sich eigentlich nicht selbst. Man bekommt es geschenkt - und zwar von einem Menschen, der einen liebt. Dieses Herz soll dann sagen: „Ich liebe dich, du bist mir wichtig!" Und immer wieder, wenn man dieses Herz sieht, wird man daran erinnert. Aber hier ist noch etwas anderes zu sehen: Nämlich dieses Kreuz hier. Dieses Kreuz ist Gottes Art, „Ich liebe dich" zu sagen.

Dieses Kreuz soll uns daran erinnern, dass Gott seinen einzigen Sohn aus Liebe zu uns in den Tod geschickt hat, weil er nicht möchte, dass wir für immer verloren gehen. In Johannes 3,16 heißt es: Denn Gott hat die Menschen so sehr geliebt, dass er seinen einzigen Sohn für sie hergab.

Welcher Vater würde seinen einzigen Sohn für andere opfern und in den Tod schicken? Daran sehen wir, wie wichtig wir für Gott sind. Daran sehen wir, wie sehr Gott uns liebt.

Jesu Tod war unsere einzige Chance. Durch seinen Tod haben wir das Leben, das ewige Leben geschenkt bekommen.

Durch seinen Tod haben wir Gemeinschaft mit Gott. Und Gott möchte diese Gemeinschaft mit uns. Gott möchte nicht, dass wir getrennt von ihm leben. Deshalb hat er seinen Sohn für uns geopfert. Daran erinnert uns das Kreuz.

Das Kreuz erinnert uns auch daran, dass Gott ein gnädiger Gott ist, denn Gott ist nicht nachtragend. Wahre Liebe trägt nichts nach, wahre Liebe verzeiht.

Doch Gott kann uns nur verzeihen, wenn wir glauben. In dem Vers heißt es weiter: Jeder, der an ihn glaubt, wir nicht verloren gehen, sondern das ewige Leben haben.

Gott hat die Vorleistung getroffen und seinen Sohn für uns in den Tod geschickt. Jetzt liegt es an uns, ob wir daran glauben und unser Vertrauen ganz auf Jesus setzen wollen. Jetzt liegt es an uns, ob wir in Gemeinschaft mit Gott leben wollen. Denn die Gemeinschaft mit Gott beginnt nicht erst nach unserem Tod, sie beginnt schon jetzt.

Auch das ewige Leben beginnt schon jetzt. Es fängt dann an, wenn wir die Entscheidung für Gott treffen und ihm die Regie in unserem Leben überlassen.

Wie sieht deine Entscheidung aus?

Wenn Gott die Menschen doch so sehr liebt, warum müssen sie dann überhaupt verloren gehen? Hätte Gott es nicht einfacher haben können?

[77] So ein großes Geschenk

Gute Nachricht, Gemeinschaft, Leben

Wenn wir Jesus als unseren Herrn annehmen, werden wir mit dem ewigen Leben beschenkt.

Denn die Sünde wird mit dem Tod bezahlt. Gott aber schenkt uns in der Gemeinschaft mit Jesus Christus, unserem Herrn, das ewige Leben, das schon jetzt beginnt und niemals aufhören wird. Römer 6,23

kleine, in Geschenkpapier eingewickelte Geschenke (evtl. Süßigkeiten)

Jeder erhält zu Beginn ein Geschenk und darf dies auspacken.

Was für ein Gefühl ist es, einfach so etwas geschenkt zu bekommen? Sicher hat sich jeder darüber gefreut. Vielleicht fragt man sich aber auch, wieso man eigentlich beschenkt wird. Mit einem Geschenk will man jemandem eine Freude machen.

Auch Gott will uns beschenken. *(Römer 6,23 lesen)* Gottes Geschenk an uns ist also kein vergängliches Geschenk, so wie alle anderen Geschenke. Gottes Geschenk an uns hat Bestand bis in alle Ewigkeit.

Gottes Geschenk an uns ist das größte und kostbarste Geschenk überhaupt. Dieses Geschenk hat er mit dem Leben seines Sohnes bezahlt. Gottes Geschenk an uns ist das ewige Leben. Voraussetzung ist allerdings, dass wir Jesus als unseren Herrn annehmen und nach seinem Willen leben.

Wir müssen glauben, dass Jesus für unsere Sünden gestorben ist. Wir müssen Jesus unsere Sünden bekennen und sie bereuen. Dann werden wir von Gott mit dem ewigen Leben beschenkt.

Sobald wir mit dem ewigen Leben beschenkt werden, beginnt es, und es hört niemals auf.

Wer von Gott mit dem ewigen Leben beschenkt wird, der wird ein Christ. Und als Christ sollen wir in der Gemeinschaft mit Jesus leben. Aber was genau heißt das - Gemeinschaft mit Jesus?

Wir haben mit Jesus Gemeinschaft, wenn wir zu ihm beten, wenn wir in der Bibel lesen und darauf hören, was er uns zu sagen hat.

Wir haben mit Jesus Gemeinschaft, wenn wir mit anderen Christen gemeinsam Gottesdienst feiern.

Wir haben mit Jesus Gemeinschaft, wenn er unsere Mitte ist und wir unser Leben nach ihm ausrichten. Denn Gemeinschaft mit Jesus zu haben, ist nicht nur auf bestimmte Momente in unserem Leben beschränkt, sondern schließt unser ganzes Leben ein.

Wie kann ich diese Botschaft, nachdem ich selbst das Geschenk der Erlösung angenommen habe, an andere weitergeben, so dass auch sie angesteckt werden?

[78] Teuer bezahlt

Christsein, gute Nachricht, Entscheidung

Das ewige Leben beginnt schon jetzt.

Denn die Sünde wird mit dem Tod bezahlt. Gott aber schenkt uns in der Gemeinschaft mit Jesus Christus, unserem Herrn, das ewige Leben, das schon jetzt beginnt und niemals aufhören wird.
Römer 6,23

eine Handwerkerrechnung

Der Handwerker nimmt für seine Arbeit, die er bei mir verrichtet hat, einen Stundenlohn. Ich muss die Rechnung an den Handwerker bezahlen. Erst dann, wenn ich das gemacht habe, ist die Rechnung beglichen.

Auch für unsere Sünden müssen wir bezahlen. *(Römer 6,23 lesen)*
Unsere Sünden können wir nicht in Euro bezahlen. Unsere Sünden müssen wir mit dem Tod bezahlen, wenn wir nicht daran glauben, dass Jesus für unsere Sünden gestorben ist. Jesus hat bereits für unsere Sünden mit dem Tod am Kreuz bezahlt. Unsere Sünden sind also schon längst bezahlt. Doch wir müssen daran glauben, dass Jesus unsere Sünden bezahlt hat. Nur dann, wenn wir glauben, dass Jesus für unsere Sünden bezahlt hat, und wenn wir unsere Sünden bereuen und sie Jesus bekennen, wird er sie uns auch vergeben.

Wenn Jesus uns unsere Sünden vergeben hat, werden wir von neuem geboren, denn wir sind zusammen mit ihm am Kreuz gestorben. Unser alter Mensch ist gestorben. Wir gehören nun zu Christus und dürfen uns Christen nennen. Und weil Jesus uns unsere Sünden vergeben hat, haben wir Zutritt zum Himmel. Der Himmel ist nämlich ein heiliger Ort, an dem keine Sünde sein darf. Wenn wir nach dem Tod bei Gott im Himmel sein wollen, müssen wir unsere Sünden irgendwie loswerden, und das können wir nur bei Jesus.

Sobald uns Jesus unsere Sünden vergeben hat, beginnt für uns das ewige Leben. Dieses Leben wird niemals aufhören. Das ewige Leben kann uns nur Gott schenken, und wer mit dem ewigen Leben beschenkt worden ist, wird nach dem Tod bei Gott und bei Jesus im Himmel sein - für immer!

Die Gewissheit, das ewige Leben zu haben, trägt auch durch schlimme Zeiten hindurch. Denn einmal wird alles Leid und alles Böse ein Ende haben. Dann nämlich, wenn wir bei Gott im Himmel sind. Dort wird es unbeschreiblich schön sein. Es wird dort keine Krankheit, kein Leid und nichts Böses mehr geben - für immer!

Wer als Christ lebt, hat Gemeinschaft mit Christus und mit anderen Christen. Die Gemeinschaft mit Christus zeichnet sich z. B. durch Bibellesen und Beten aus. Denn wenn wir im ständigen Kontakt mit unserem Herrn bleiben, können wir seinen Willen erfahren und seinen Weg für unser Leben erkennen.

Aber auch die Gemeinschaft und der Austausch mit anderen Christen ist für unser Leben und Wachsen als Christ wichtig!

Christsein betrifft immer den ganzen Menschen und das ganze Leben, und Christsein bedeutet die besten Perspektiven für die Zukunft zu haben!

Welche Veränderung ruft der Glaube an ein ewiges Leben bei Gott in meinem Leben hier hervor? Das Licht der Ewigkeit strahlt auf mein Leben. Wie sieht es aus dieser Perspektive aus?

[79] Blick nach oben

Erlösung, Entscheidung, Ewigkeit

Jesu Tod ist unsere einzige Rettung.

Genauso muss auch der Menschensohn an einen Pfahl gehängt werden. Jeder, der dann voll Vertrauen auf ihn sieht, wird das ewige Leben haben. Johannes 3,14-15

ein Kreuz aus Holz

So ein Holzkreuz sieht man recht häufig. Es hängt in öffentlichen Gebäuden wie Krankenhäusern, es hängt in Kirchen und Kapellen oder auch in privaten Wohnungen. Und immer soll es uns an Jesu Tod erinnern.

Johannes 3,14b-15 lesen. Jesus musste also am Kreuz sterben. Er musste sterben, um uns zu retten. Jesus ist unsere einzige Chance. Ohne ihn gäbe es keine Rettung für uns. Ohne ihn könnten wir nach dem Tod nicht bei Gott weiterleben.

Aber wieso ist Jesus unsere einzige Chance? Wieso kann nur er uns vom Tod retten und ewiges Leben schenken? Weil Jesus als Gottes Sohn als einziger ohne Sünden war. Deshalb konnte Jesus alle Sünden, die wir jemals getan haben und die wir jemals tun werden, auf sich nehmen und sich dafür mit dem Tod am Kreuz bestrafen lassen. Der Tod ist die Strafe, die wir normalerweise verdient hätten. Und diese Strafe hat Jesus uns abgenommen.

Dann, wenn wir ihm vertrauen, wird er uns mit dem ewigen Leben beschenken. Wenn wir ihm aber nicht vertrauen und nicht daran glauben, dass er für uns gestorben ist, dann wird er uns auch nicht mit dem ewigen Leben beschenken. Stattdessen erhalten wir dann die Strafe, die uns Jesus schon längst am Kreuz abgenommen hat. Und diese Strafe bedeutet Tod - unseren Tod! Die Hölle ist genauso Realität, wie der Himmel Realität ist.

Und so, wie es ein ewiges Leben im Himmel gibt, so gibt es auch eine ewige Verdammnis, die in der Hölle endet.

Wer aber Jesus vertraut und daran glaubt, dass er für ihn gestorben ist, der braucht seinen Tod nicht zu fürchten. Für ihn ist der Tod nur der Übergang zu einem Leben bei Gott. Das Leben mit Gott beginnt allerdings schon jetzt und hier.

Das Besondere am Kreuz Jesu ist, dass es leer ist! Wäre Jesus nur gestorben und nicht auferstanden, wie sähe dann unser Glaube heute aus?

[80] Bezahlte Strafzettel

Entscheidung, Ewigkeit, Erlösung

Wer nicht an Jesus glaubt, wird Gottes Zorn erfahren.

Wer an den Sohn Gottes glaubt, der hat das ewige Leben. Wer aber nicht an ihn glaubt, wird nie zum Leben gelangen, sondern Gottes Zorn wird ihn treffen. Johannes 3,36

ein Strafzettel

Das geht manchmal ganz schnell: Eben mal kurz die Parkscheibe vergessen oder etwas zu schnell gefahren und schon kassiert man einen dicken Strafzettel. Jeder, der einen Führerschein besitzt, hat irgendwann einmal die Verkehrsregeln gelernt. Und jeder, der sich nicht an die Verkehrsregeln hält, erhält eine Strafe. Und diese Strafe sieht dann so aus wie ein solcher Strafzettel hier. Leider gibt es in der Regel niemanden, der so nett ist und den Strafzettel für uns bezahlt. Man muss schon selbst dafür geradestehen, denn sonst kriegt man eine Mahnung und dann wird es noch teurer!

Bei Jesus ist das anders. Er hat unseren Strafzettel, den Strafzettel Gottes, schon längst für uns bezahlt.

Was der Strafzettel Gottes ist? Auch bei Gott gibt es Regeln. Und an diese Regeln sollten wir uns halten. Man kann sie in der gesamten Bibel nachlesen. Aber wer das schon mal versucht hat, der weiß, dass das ziemlich schwer ist und dass man das nicht immer schafft. Deshalb hat Gott Jesus zu uns auf diese Erde geschickt. Durch seinen Tod am Kreuz hat er unseren Strafzettel bezahlt, denn Jesus ist für unsere Sünden gestorben.

Er hat alles bezahlt: Die Sünden, die wir bereits begangen haben, und die Sünden, die wir noch begehen werden. Jetzt liegt es an uns. Den nächsten Schritt müssen wir tun. Zunächst einmal müssen wir daran glauben, dass Jesus für unsere Sünden gestorben ist. Dann müssen wir unsere Sünden bereuen, sie Jesus bekennen und ihn um Vergebung bitten. Wenn wir es wirklich ehrlich meinen, dann wird er uns auch vergeben. Dann sind wir Christen und werden nach dem Tod für immer bei Gott weiterleben. Denn wer an Jesus glaubt, der wird von Gott mit dem ewigen Leben beschenkt.

Wer aber nicht an Jesus glaubt, der wird auch nicht mit dem ewigen Leben beschenkt, sondern der Zorn Gottes wird ihn treffen. Wer sich seinen Strafzettel nicht von Jesus bezahlen lässt, der muss ihn selbst bezahlen. Aber wie bezahlt man den Strafzettel Gottes? Den Strafzettel Gottes kann man nur mit seinem Leben bezahlen. Und wer mit seinem Leben bezahlt, der ist tot. Für den gibt es kein Leben nach dem Tod in Gottes Ewigkeit. Das heißt aber nicht, dass dann mit dem Tod alles vorbei sein wird. Wer nach dem Tod nicht in Gottes Ewigkeit weiterleben wird, der lebt dort weiter, wo Heulen sein wird und Zähneklappern. Das Leben nach dem Tod wird an einem dieser Orte stattfinden.

Warum fällt es mir nur so schwer, dieses Geschenk anzunehmen? Wenn jemand mir ein schönes Geschenk zum Geburtstag mitbringt, nehme ich es doch gern. Wo liegt denn bei diesem so viel wichtigeren Geschenk das Problem?

Andachtenverzeichnis

Stichwortverzeichnis

Bibelstellenverzeichnis